GUIONVAC'H.

Imprimerie de Moquet et Cie, rue de la Harpe, no 90.

GUIONVAC'H.

Études sur la Bretagne.

PAR L. KÉRARDVEN.

PARIS.
ÉBRARD, LIBRAIRE-ÉDITEUR,
RUE DES MATHURINS-SAINT-JACQUES, 24.

1835

GUIONVAC'H,

CHRONIQUE BRETONNE.

I.

La Veillée.

Au village de la Sauderaie, dans le moulin du vieux Guennaü, non loin de la pointe du Pouldu (1), qui lutte contre les courans du nord et semble prête à fendre l'eau, comme l'avant d'un vaisseau de ligne, quelques familles s'étaient rassemblées par une soirée d'octobre. Les veillées recommençaient : elles sont délicieuses, les veillées d'automne, quand on a donné tout le jour à battre le blé noir, à grimper dans les greniers le long de l'échelle, les épaules bien chargées de gros sacs de froment ; à teiller le chanvre en cadence, à serrer vigoureusement la vis du pressoir ; et qu'on a vu des flots de cidre couler dans de larges tonneaux. Les hommes se reposent ; les femmes filent, en chantant, sur un air aux finales traînantes, les *sonen* (2) du vieil aveugle qui est venu ces jours derniers s'asseoir sur le pas de la porte. Il a reçu un morceau de pain de seigle et quelques crêpes qu'il s'est hâté de ramasser dans sa besace de cuir. En échange, il s'est mis à chanter :

> Tostet ott de clevoet
> Eur sonen newé composet.
> . . . .

> Approchez tous, venez entendre
> Un air nouvellement composé.
> . . . .

Ou bien, les plus âgées des veilleuses racontent les histoires de *Yan-er-Homzour* (3), qui, voyageant de la pointe du Raz au cap Saint-Mathieu, de Ploumoguer à Plougonwelin, sa patrie, a vu, pendant deux âges d'homme, tant de naufrages dans la baie des Trépassés, tant de flèches de clocher frappées de la foudre, et tant d'âmes revenues demander des prières. Toujours pieux et faisant de longs pélerinages, il finit par ne pouvoir se mettre à genoux que sur son bonnet brun. La terre devenait par trop dure à des os plus que centenaires.

Les souvenirs de Yan-er-Homzour lui ont survécu long-temps dans les veillées. Pour lui, on le voit encore quelquefois avec sa barbe pendante et ses paupières baissées, prosterné au milieu des brouillards du promontoire de Saint-Mathieu, ou bien assis paisiblement, le soir, sur la pointe de ces rochers jumeaux qui se séparèrent pour laisser passer le vaisseau des anciens moines.

C'était donc dans le moulin du vieux Guennaü qu'on était rassemblé cette fois autour d'un feu de lande et de fougère; des femmes rangées en cercle, assises sur les petits escabots dont on se sert pour traire les vaches, filaient la quenouille de chanvre à la lueur inégale et vacillante du flambeau de résine. Au milieu d'elles se remarquaient la vieille Barbann et la jeune Marivonic (4).

Barbann avait été tailleuse dans sa jeunesse. Elle allait travailler dans les granges, assise sur les gerbes de seigle, et tous les passans se croyaient obligés de lui dire un mot, de lui chanter une *sonen*, ou de lui conter une histoire. Aussi savait-elle beaucoup de choses. Aujourd'hui elle ne faisait plus que répéter. Sur l'âge, Barbann s'était faite bonne sœur. Elle portait le scapulaire en sautoir, puis le rosaire à son côté. Elle gardait toute la journée son capuchon de serge noire; et d'un air grave, elle n'épargnait ni sermons ni conseils à ceux qui cherchaient à se passer des uns et des autres. Pour le moment Barbann s'occupait à effiler de la laine de toutes les couleurs.

Marivonic, fille du meunier Guennaü, n'avait guères que dix-huit ans. Elle devait être désormais la seule compagne de son vieux père, au moulin de la Sauderaie. Sa mère, depuis plus de quatre années, avait été déposée dans le trou de terre avec les siens. La pauvre femme avait souffert pendant long-temps d'une maladie de langueur, et n'avait dû quelque soulagement qu'aux soins touchans de sa fille. Aussi chacun disait-il dans le quartier que Marivonic avait bien mérité es bénédictions de Dieu dans ce monde... ou dans l'autre ; car, pour ce monde, Dieu ne dit jamais ce qu'il donne.

Sur sa physionomie, où siégeait l'innocence d'un ange, on retrouvait une harmonie de douceur et de vivacité qui charmait tous les jeunes gars de la Sauderaie. Aussi arrivaient-ils bien empressés dès qu'il y avait une veillée au moulin de Guennaü.

Marivonic, plus habile que les vieilles fileuses, n'avait pas seulement une quenouille, mais devant elle était posé un beau rouet en buis dont la roue était sculptée comme la balustrade d'une église ; elle le tournait vivement du pied, en faisant rendre à la corde un son monotone.

Pour les hommes, ils s'asseyaient sur les tables, se couchaient sur les bancs et s'accoudaient sur la grande tourte de seigle recouverte de son panier.

Trévihan, au milieu d'eux, excitait parfois quelque hilarité. Il avait pour métier de raccommoder les voiles des chaloupes pendant la pêche de la sardine. Il était pourvu d'une de ces figures auxquelles il est impossible d'attribuer un âge quelconque. C'était un véritable nain enseveli dans des bragaw-bras (5) plus larges que des sacs de farine. De l'une de leurs extrémités sortaient deux petites jambes soutenues sur deux longs pieds que Trévihan avait soin de cacher, les jours de fête, dans des souliers garnis de belles boucles de cuivre jaune. Au-dessus de tout cet appareil était posée une grosse tête que Trévihan appuyait parfois sur la proéminence de sa poitrine. La bouche fendue, les joues grimées, il ricanait d'un œil et clignottait de l'autre. Un bras pendait négligemment, et l'autre, posé sur la hanche avec une certaine prétention, soutenait un large chapeau de paille. Le malin Trévihan avait été autrefois *eur potr digass*, un vrai sans souci, et il lui en restait bien encore quelque chose. Il ne pouvait guère en être autrement, car il avait l'avantage d'être proche parent du tailleur Favennec (6).

Ce grotesque personnage contrastait singulièrement avec l'air grave et réfléchi du meunier Guennaü, qui jetait des regards de contentement sur tous ces braves gens groupés autour de son foyer.

A travers les barreaux de la petite fenêtre, on suivait de l'œil une longue traînée de sable : c'était l'enfoncement du Loc'h où la marée se jette deux fois le jour en repoussant vers sa source le torrent de la Sauderaie.

Plus loin, des rochers noirs rangés en demi cercle étaient presqu'effacés dans l'ombre. Leurs têtes fantastiques semblaient se rapprocher ; on aurait dit un conseil de vieux druides. Une forte brise, reste d'un orage de la veille, gémissait encore au milieu d'eux et n'empêchait pas d'entendre dans la campagne les derniers aboiemens des chiens de ferme.

La conversation roula d'abord sur les travaux de la saison ; sur les dangers que l'on avait courus les jours précédens à la récolte des varechs, au milieu des grosses lames qui se brisaient contre le coupant des rochers et frappaient contre le fond des voûtes.

— Allons, meunier, dit Trévihan au bonhomme Guennaü, approche un peu que j'allume ma pipe à la tienne. Guennaü se baissa et Trévihan se mit sur la pointe du pied, en sorte qu'ils se trouvaient face à face pour cette grave opération. Ils se regardaient jusqu'au fond des yeux, leurs cheveux se mêlaient, leurs lèvres grimaçaient, vous auriez dit deux dogues sur le point d'en venir aux dents.

Le jeune Er-Govic chercha le premier à piquer Trévihan pour le mettre en joyeux propos.

Er-Govic.

Tu es sûrement sorti du sac d'un tourigan (7),

vieux piqueur de toile, pour te tordre ainsi le visage, à faire pleurer Notre-Dame de Pitié.

Trévihan.

C'est bien à toi, petit gars, à rire de ma tournure. N'as-tu pas failli me ressembler ? quelques jours de plus et j'étais le mari de ta mère, de la belle Francique Er-Bail.

Er-Govic.

De ma mère?... eh ! comment n'a-t-elle pas voulu de toi ? Est-ce qu'elle a trouvé que Dieu avait distribué toutes les figures quand tu es venu en cherche une.

Trévihan.

Eh bien ! riez... riez, mais écoutez la vérité : la belle Francique n'avait peur ni de mon dos ni de mes jambes ; et si j'avais voulu, tu ne t'appellerais par Er-Govic, mais bien Trévihan.

Er-Govic.

Quel dommage vraiment !... il ne me faudrait pas tant d'étoffe à moi pour me faire une camisolen et des bragaw-bras.

Trévihan.

Il n'y a pas de si mauvais sabot qui ne trouve

son pareil... rappelle-toi cela pour ton usage...
C'est bien moi qui n'ai pas voulu... et pourtant
Francique Er-Bail était une fille bien gaillarde...
mais vois-tu, la biche blanche de sainte Ninoc'h
se mit un soir à sauter autour de moi dans le bois
de sapin de Kérisouet... et...

Er-Govic.

Ah! ah! que te voulait-elle donc la biche blanche?

Barbann.

Prends bien garde, Govic, mon pauvre enfant! ne vas pas mal parler de la biche blanche de sainte Ninoc'h, de celle qui courut, il y a plus de deux mille ans, se cacher dans l'oratoire de la sainte, pendant que les chasseurs lui lançaient des pieux, que les chiens lui montraient les dents et que les cors sonnaient tout le long des montagnes de Saint-Mathieu, de l'étang de Lanénec et de la lande de Bioué... Il y a plus de mille ans... eh bien! on la voit courir au brun de nuit, et le plomb des chasseurs ne lui fait pas plus de mal que si elle reposait encore dans l'oratoire et sur le giron de la bonne sainte Ninoc'h... Moi qui vous parle, j'ai vu la biche blanche... écoutez de vos deux oreilles, car voilà qui est bien sûr... Le jeune homme qui voit le soir, au brun de nuit, la biche blanche de sainte Ninoc'h, doit mourir le jour de ses noces.

TRÉVIHAN.

Eh bien, Govic!... c'est pour cela que...

BARBANN.

Taisez-vous, écoutez toujours : vous saurez le grand malheur du comte de la Sauderaie. Là haut sur le rocher, au dessus du moulin, voilà tout ce qui reste de son vieux château. Il n'a pas toujours été ainsi debout comme un mendiant et déchiré en lambeaux du haut en bas ; sur la tour, au milieu du lierre, il n'y a pas toujours eu des corneilles à pousser des cris, à causer dans leur langage d'enfer, à ricaner, à se réjouir quand le *golern* (8) déracine les sapins, fait rouler les grosses murailles, qui tombent le long de la montagne, en broyant les rochers, comme la meule du moulin du Guennaü broie un pauvre grain de seigle... Ah! oui, le château est bien triste, mais pas si triste que l'histoire de la pauvre Gertrude.

MARIVONIC (*tout émue*).

O Barbann, dites-nous l'histoire du seigneur de la Sauderaie et de la pauvre Gertrude.

BARBANN.

Je vous en dirai une partie et la *sonen* dira le reste.

Ces deux manoirs du Kérisouet et de la Sauderaie, qui sont si tranquilles aujourd'hui et qui se regarderont comme deux moribonds dans le même lit, jusqu'à ce que la dernière pierre soit tombée, n'ont pas toujours été des tanières de renard ou des nids de fresaie. Les seigneurs cachaient dans leurs tours des hommes tout couverts de piquans de fer, et les pauvres paysans n'avaient pas avec eux plus beau jeu qu'une sardine avec un homard du Couragan. Et puis, ils avaient querelle pour les vaisseaux que le vent brisait à la côte. Le seigneur de la Sauderaie prétendait que tout ce qui passait le goulet du Loc'h, hommes, cordages, tonneaux, ferrures, débris, était à lui ; et celui du Kérisouet se disait roi des grèves, des rochers, des barres et des naufrages depuis Lann-en-Nec'h jusqu'au Pouldu. Alors les soldats descendaient sur le Loc'h et les seigneurs avec eux; et là le sable devenait bientôt rouge.

Pourtant la belle Gertrude avait remis la paix entre son père, le seigneur du Kérisouet, et le jeune Alan, comte de la Sauderaie. Elle était si bonne !... Il y a bien long-temps de cela : eh bien ! les pauvres savent encore qu'à la porte de ce château, la belle Gertrude donnait tous les samedis du pain et des sabots aux bonnes gens et des maillots pour les petits enfans. Et lorsqu'ils passent près de là, on les voit s'arrêter encore aujourd'hui, tirer leurs bonnets, faire le signe de la croix : ceux qui ont un rosaire le tirent de leur poche, et chacun dit : Dieu fasse paix à l'âme de la belle Gertrude !

Si bien donc qu'elle allait se marier au jeune Alan. On était revenu de l'église. C'était une noce comme on n'en verra plus : du cidre et du rôti pour toutes les paroisses de Plœmeur, de Guidel, de Clohar... Il y avait des soldats avec des bragaw, des camisolen, et des chapeaux de fer et de cuivre jaune, de belles dames sur des hacquenées blanches.

Il commençait à faire brun de nuit, la lune tombait dans le coureau (9) de *Groix*. Alan et la belle Gertrude causaient tout doucement sous les peupliers devant le château, quand le feuillage remua bien fort. Gertrude serra le bras du jeune Alan, alors ils virent... ils virent tout près d'eux passer comme une pierre de fronde la biche blanche de sainte

Ninoc'h.— Rentrons, dit Gertrude. —Oh ! répondit Alan, j'ai tué trop de loups, et dardé trop de sangliers pour avoir peur d'une biche blanche. Au même instant on entendit dans le bois le son du cor et comme une troupe de chasseurs qui se donnaient plaisir.—Qui ose ainsi chasser sur les terres des seigneurs de la côte, s'écria le jeune Alan : ses yeux brillaient de colère..... il s'élance pour aller voir.

Ecoutez maintenant la *sonen* de la belle Gertrude avec sa mère [1] :

Chant de Gertrude et de sa Mère.

Ma mère, dites-moi, je vous en prie, où est allé monsieur le comte? — Il est allé chasser au bois ; bientôt, ma fille, il sera près de vous.

—O que cette nuit est longue !... Où donc est allé monsieur le comte ?—Vous m'étonnez beaucoup, ma fille, de demander si souvent votre époux.

—Hélas! ma mère, dites.... pourquoi des prêtres qui chantent dans la maison?—C'est ce pauvre malheureux que nous avons logé ; il est mort cette nuit au milieu de nous.

---

[1] Voir dans les notes le texte breton de toutes les ballades.

—Dites-leur de prier pour lui,...je ferai les frais du service... Mais, ma mère, je vous demande encore... pourquoi les cloches sonnent-elles des glas?

— Le petit-fils du roi est mort, les cloches sonnent dans tous les pays. — Ma mère, il faut me dire à présent... pourquoi les domestiques pleurent-elles?

— Elles ont été laver... *il leur manque un drap blanc.*—Ma mère, dites qu'elles ne pleurent pas, je leur donnerai de quoi en avoir un autre.

Ah! je suis bien étonnée ; monsieur le comte ne vient pas me voir... Hélas! ma mère, dites-moi, faut-il aller à l'église en bleu ou bien en rouge?

— Elle a demandé un habit rouge, c'est un noir qu'on lui a donné. — Ma mère dites-moi... pourquoi cet habit noir ?

—Hélas! ma fille, la mode en est venue...c'est en noir que les grandes dames vont à l'église. — Quand elle fut entrée dans le cimetière, elle vit la tombe de son époux.

— Quel est celui des miens qui est mort?... voilà de la terre nouvellement remuée.—Hélas! ma fille, je ne puis plus le cacher, ton pauvre époux est là... au fond.

— Tenez, ma mère, voilà les clefs; conduisez bien les pauvres malheureux... apprenez-leur à prier Dieu de bonne heure; votre fils est mort, votre fille est morte (10).

Vers la fin de la *sonen*, Marivonic se cachait à l'ombre de sa quenouille pour dérober quelques larmes que l'on voyait cependant tomber sur la piécette de son tablier.

MARIVONIC.

Mon Dieu !... cette bonne Gertrude, quand elle donne les clefs de son armoire... cela me fait pleurer...

GUENNAU.

Prends garde, Marivonic, je ne pleure pas même au prône... mais à te voir comme ça... je crois que... Allons, dis-nous quelque chose aussi toi.

ER-GOVIC.

Regardez plutôt Trévihan qui tâche de relever ses trois cheveux sous son chapeau... Voyons;

piqueur de toile, qu'est-ce qui te réjouit donc maintenant quand tous les autres pleurent?

TRÉVIHAN.

C'est... c'est la biche blanche... Oh! tu as l'air bien à l'aise, toi... mais si les jeunes filles te faisaient des agaceries comme à Trévihan... Il y en a qui viennent me donner des poussades dans le dos, à me faire frapper contre un pommier ou contre un tas de landes... d'autres qui prennent mon chapeau et le jettent par dessus la haie... d'autres qui se cachent pour me lancer des mottes de terre, ou me brouiller les cheveux avec du chardon... c'est bien agréable; mais Trévihan ne se laisse pas prendre; Trévihan ne veut pas mourir le premier jour de ses noces... soyez bien tranquilles.

ER-GOVIC.

Nous le sommes bien, je t'assure...d'ailleurs nous en serions quittes pour t'aller jeter de l'eau bénite avec des branches de gui arrachées au mur d'un cabaret.

BARBANN.

Oh! doucement... doucement, Govic. Ne parle pas comme cela de l'eau bénite. Tu en auras besoin quelque jour, et si tu restes sept années sans mettre la main dans le bénitier, tu seras changé en loup-garou. Je sais bien que le diable ne perd pas son temps avec toi... Vois pourtant l'exemple de Loïsic Guionvac'h, le déserteur. Il parlait comme toi.... Ce n'est pas ma faute, je lui donnais de bons conseils, mais quand il me voyait dans un chemin, il s'en allait par l'autre. Il a été courir bien loin, et maintenant il se promène la nuit avec son chien.. On dirait qu'il s'est levé de son lit en rêvant aux morts, et souvent quand on lui parle il ne répond pas...

Govic (*d'un air mutin*).

Ah! si je pouvais lutter, courir, loger la soule, et lever une perche comme lui, je me moquerais...

Guennau (*ému*).

Le malheureux Loïsic!... il a mangé mon pain quand il était petit, je ne le regrette pas... Ma pauvre femme l'aimait tant ! Quand il mit ses premières bragaw et sa première camisolen, quelle fête au moulin de Guennaü!...tu t'en souviens, Barbann; tu étais là... toi-même tu avais taillé l'habit, et tu n'avais pas épargné l'étoffe. Le pauvre petit mineur était si fier de son habit traînant!.. il sautait comme un chevreau... à nous fatiguer les genoux... Il se démettait le cou pour se regarder en arrière... Nous lui fîmes des crêpes de froment avec du sucre... La jolie fête, Barbann, au moulin de Guennaü!... Mais il y a bien long-temps de tout cela. Aujourd'hui Loïsic ne sait plus obéir qu'à Magdeleine la folle.

TRÉVIHAN (*malignement*).

Mais il pourrait bien en écouter quelqu'autre, si l'on voulait.

— Ici le rouet de Marivonic se mit à tourner avec une étonnante rapidité, et l'on n'entendit pas quelques paroles que murmurait Trévihan, qui continua en élevant la voix :

Ecoutez, je ne sais pas si le mauvais esprit s'en mêle...; mais Guionvac'h est un gars qui défend le quartier de Guidel. A la St.-Jean, il se jeta dans l'étang de Lann-en-nec'h pour enlever la soule(11) que ceux de Plœmeur y avaient lancée de rage. En trois coups de brasse, il les laissa tous derrière lui ; son gros chien nageait auprès, et les gars de Plœmeur ne se seraient pas plus frottés à eux qu'à une troupe de marsouins. Quand il eut pris la soule, deux fois plus grosse que mes boules de gayac, il se mit à courir, à sauter par-dessus les claies, les talus, les rochers, à traverser le Loc'h, et la soule fut bientôt logée au bourg de Guidel pour l'honneur de la paroisse. Ensuite nous fûmes nous asseoir chez Le Clanc'h, à l'endroit où l'on fait les fiançailles... Il y a là de bon cidre...; eh bien! ce grand Guionvac'h peut en boire une demi-barrique sans que ses jambes s'en aperçoivent...; regardant toujours avec ses yeux noirs comme des corbeaux...

BARBANN.

Vraiment, il était en bonne compagnie pour devenir meilleur sujet. S'il avait connu comme moi sa mère, la pauvre Martha de Clohar...; mais il ne l'a jamais connue; elle est morte sans l'avoir conduit à l'évangélisation. S'il avait senti sur sa tête l'étole du prêtre, il ne serait pas tourmenté par le mauvais esprit, il n'obéirait pas à Magdeleine la sorcière... Je sais bien des choses que je ne veux pas dire...

MARIVONIC (*vivement*).

Ne les dis pas, Barbann; il faut lui pardonner, puisqu'il n'a pas connu sa mère...; et qu'il est revenu ici... dans le pays...

GUENNAU.

Mes enfans, ne l'oubliez pas : il ne faut jamais quitter le pays...., ou bien, quand on est bien loin, il faut revenir pour se reposer dans le trou de terre avec les siens... Eh bien! Marivonic, tu n'as pas chanté de *sonen*. Commence.

MARIVONIC.

Je dirai celle du jeune matelot qui voudrait revenir se reposer dans les champs de sa paroisse.

Chant du Jeune Breton.

Dieu tout-puissant, vous lisez dans mon cœur, vous comptez mes larmes et mes profonds soupirs, voyez, fixez le moment et l'heure qui doit terminer ma peine et ma misère.

Deux ans sont écoulés, je ne dis pas le reste, depuis qu'on m'embarqua sur la rade de Brest, où je suis maintenant, où je serai peut-être, jusqu'au jour douloureux qui terminera ma vie.

Quand je montai à bord, quelle fut ma surprise de voir ce grand château balancé sur de l'eau bleue! La côte, comme un cercle, se voyait loin de nous, partageant en deux pièces la mer profonde et le ciel.

La pointe des mâts est plus loin de l'eau, que celle de la plus haute tour ne l'est du cimetière. Les cordes grandes et petites, ensuite le perroquet, en travers sur chaque mât, forment des croix parfaites.

Avez-vous vu le matin, autour de la fougère, des fils tout croisés en long comme en travers? Sur un vaisseau il y a plus de cordages qu'il n'y a de fils autour de la fougère.

Quatre-vingts canons, quarante de chaque côté, bouchés de liége blanc, le corps peint tout en noir, bombes, pierriers, fusils et mousquetons, font bondir le cœur sitôt qu'on les entend.

Dieu tout-puissant, vous lisez dans mon cœur, vous comptez mes larmes et mes profonds soupirs, voyez, fixez le moment et l'heure qui doit terminer ma peine et ma misère (12).

—————

A la fin de la *sonen* de Marivonic, le père Guennaü trouva bien l'occasion de redire ses avis ordinaires. Il n'était pas venu à son âge sans avoir vu beaucoup de gens qui s'étaient faits voyageurs par ambition, par amour des hasards; et beaucoup d'autres qui avaient jeté loin d'eux la camisolen, les chaussaü et les sabots de forêts, et qui avaient coupé leur longue chevelure, pour se mettre sur les épaules la casaque des villes, et se faire appeler *Monsieur*... Mais il n'en avait que plus de cœur à dire : mes enfans, restez au pays... sous nos vieux pommiers... dans la lande où vous cherchiez des nids quand vous étiez petits. Restez dans la paroisse, près de la pierre des vôtres... ceux qui courent en valent-ils mieux?

Dans ce moment il se prit à redire d'une voix émue et pénétrante, en jetant les yeux sur Marivonic... *Oui, restons près de la pierre des nôtres...*

Marivonic se mit la main sur les yeux... elle pensait à sa défunte mère.

Une légère émotion parcourut l'assemblée... il se fit un silence et l'on n'entendait que les gémissemens des sapins, et la chûte du torrent de la Sauderaie.

Il était déjà bien tard...

Un bruit retentit à quelque distance...

Ce n'était pas le cri du canard sauvage, ou du cormoran, ou du butor qui passaient au-dessus du moulin. Ce n'était pas non plus le cri de la chouette ou de la fresaie, ni même le hurlement nocturne du loup ou du blaireau : c'était quelque chose de plus sinistre, de plus glacial... Les rouets, les fuseaux s'arrêtèrent, on prêta l'oreille en tremblant.

Le cri se répète, se prolonge, se mêle au choc du torrent. Puis il devient un chant sauvage dont on entend quelques mots, comme brisés par les cavernes de la côte.—C'est Magdeleine la folle, se dit-on tout bas.

C'était bien la folle Magdeleine.

Comme elle est triste cette voix de femme qui s'en va courant la nuit le long des grèves et sur la chaussée des moulins !... improvisant des vers rudes et mystérieux, qu'elle ne répète jamais à moins qu'ils ne renferment une prédiction de malheur.

Et pourtant, depuis plus de vingt ans, Magdeleine crie toutes les nuits, surtout quand elle peut jeter sa voix dans la tempête.

On la voit au clair de lune, dénouant ses longs cheveux gris, étendant ses grands bras vers le large, et baignant dans l'écume ses pieds décharnés comme la griffe d'un vautour.

Par fois elle chausse de gros sabots et se met à danser, mais d'une danse discordante, démoniaque, frappant la terre à contre-mesure et décomptant les nombres comme pour une évocation. Ou bien, pendant toute une journée bien sombre elle s'arrête, dans un silence aussi lugubre que ses chants. Elle ramasse une valve de coquille, ou bien les os d'un naufragé ; elle les contemple des heures entières ; on dirait qu'elle veut y découvrir quelque chose... quelque chose qu'on ne peut y lire qu'avec beaucoup de temps.

Rarement Magdeleine prend du repos. On la trouve cependant couchée sur un lit d'algues marines dans quelques-unes de ces cavernes prolongées qui ont gardé la forme des dragons qu'elles recélaient autrefois, et que de saints ermites sont venus chercher en les attachant à leur étole.

Quelquefois aussi, elle se glisse dans une étable où se trouve un poulain nouveau-né ; elle se couche et dort auprès. Les jours suivans le pauvre animal est languissant ; on ne sait pourquoi, car Magdeleine pour l'attirer met toujours du foin à sa quenouille.

Depuis plus de vingt ans, Magdeleine avait abandonné Clohar pour venir à Guidel. On la disait liée par un pacte aux Touriganet, dansant, tourbillonnant avec eux et les aidant à trouver des nourrices pour leurs hideuses familles.

Voilà ce qu'on disait..... après cela on ne s'étonnera pas du tressaillement que fit éprouver à la petite veillée de la Sauderaie, la voix nocturne de Magdeleine la folle.

Les cris tombaient par intervalles, on respirait; mais soudain ils devenaient plus perçans. — La corneille approche, dit Guennaü. On distinguait même quelques mots mêlés à des glapissemens confus. — « *Je connais sa nourrice ; il tourne autour de moi comme la roue autour de l'essieu.* » —

C'est de Guionvac'h qu'elle parle, dit Marivonic toute tremblante ; chut!... chut!... peut-être ne viendra-t-elle pas jusqu'ici.

Il n'était plus temps, la hideuse figure de la folle était déjà collée aux barreaux de la fenêtre.... On voyait ces traits creusés, cette peau brune et desséchée comme la momie de Landeda debout dans son reliquaire (13)....

Elle se mit à rire : on eût dit une louve qui montrait les dents....

Holà ! gars de la Sauderaie, dit-elle, Magdeleine est en belle humeur... Guerre aux gabelous, guerre aux habits verts !... venez, je connais le sable et ce qui est dessous...

Bien, bien, Magdeleine, dit Govic en prenant son pen-bac'h (14); puisqu'il s'agit des habits verts, je me pends à ton tablier... mais le grand Guionvac'h y sera-t-il? — Guionvac'h! dit-elle en grinçant des dents. Puis elle se mit à danser en faisant sonner ses sabots et criant à déchirer l'oreille : — Je connais sa nourrice... ne tourne-t-il pas autour de moi comme la roue autour de l'essieu? — Allons, Magdeleine, dit le bonhomme Guennaü, laisse ces jeunes gens rentrer dans leurs maisons, et toi, va coucher à l'étable, je te donnerai de la paille bien fraîche.

— Dort qui veut, bonhomme Guennaü, dit-elle, regarde-moi.—Ses yeux étincelaient dans l'ombre. —*Arrose, arrose ton moulin, il veut tourner avec du sang*.—Méchante folle, cria Marivonic, tes paroles font mal.—Ne te fâche pas, petite fille, répondit-elle avec un sourire plus terrible que tout le reste, je serai près de toi le jour de tes noces.... Eh! bien, mes gars.—Haro sur les gabelous! cria Govic; et tous répétèrent le cri et sortirent en même temps, excepté le bonhomme Guennaü.

Trévihan faisait l'arrière-garde.

II.

La Fraude.

Voilà donc les gars de la Sauderaie hors de la maison et répandus autour de Magdeleine sur la longue chaussée du moulin de Guennaü. — Cette méchante folle pourra bien leur porter malheur cette nuit, disait le bonhomme à sa fille. Kerias le gabelou n'a pas besoin d'un si beau clair de lune pour y voir. On sait bien qu'il a des yeux de chat sauvage... et puis ils sont là, sur la chaussée, un bruit à réveiller le loup-garou de Plœmeur. — Je vais faire tourner le moulin. — Il sortit donc aussi lui avec son levier de fer et se mit à soulever par secousses la palette qui arrêtait et détournait les eaux du ruisseau de la Sauderaie.

Le fracas du moulin se répétait dans le creux du vallon et couvrait les clameurs de Magdeleine et de sa troupe.

Cette précaution n'était pas de trop, car il était difficile de ranger une troupe de jeunes gens commandés par une sorcière. Govic voulait courir en tête et Trévihan tirer de l'arrière. — que Trévihan marche en avant, dirent les autres, on est sûr qu'il regardera autour de lui. — Le piqueur de toile n'était pas de cet avis, mais on le prit au collet, on le secoua de manière à casser ses sabots contre les pierres et à lui frapper alternativement la nuque et le menton contre les os de la poitrine, et bon gré mal gré, on le traîna à la tête du bataillon. Enfin tous commençaient à se taire, si ce n'est Magdeleine qui avait couru en avant et qui ne cessait de danser et d'imiter le hurlement d'une louve à l'entrée de la nuit par un temps de neige. On était habitué à l'entendre ; la nuit et les rochers lui appartenaient ; et les gabelous même s'en inquiétaient peu, quoiqu'elle ne cessât pas de répéter : *Je sais creuser le sable, je sais bien ce qu'il y a dessous.*

Trévihan donnait l'exemple d'une prudence des plus minutieuses.—Mes gars, se prit-il à dire d'une voix pleine de mystère et de tremblement : les gabelous ont des yeux de verre pour voir la nuit ; cachez-vous bien, faites-vous petits comme ça. — Ici Trévihan se blottit comme une boule.— Et puis, mettez tous vos penn-bac'h sur vos épaules : les habits verts les prendront pour des fusils. — Tu montreras l'exercice en chemin, dit Govic, en lui adressant une poussade ; il faut partir. — Et la troupe se mit en mouvement. Tous étaient rangés le long de la chaussée, sur une file, comme des canards sauvages. Leurs larges bragaw, et le penn-bac'h couché sur l'épaule, les faisaient assez bien ressembler à un guet de nuit du temps de la ligue. Leurs ombres bizarres s'alongeaient sur les nappes d'eau, se raccourcissaient et se déformaient sur les rochers, et malgré toutes les prières et tous les tremblemens de Trévihan, les sabots en retombant faisaient le bruit des marteaux de bois qui, sur un large galet, écrasent en cadence les pointes de la jeune lande que l'on doit donner l'hiver aux chevaux.

La troupe s'enfonce dans un chemin creux... De chaque côté un talus hérissé de ronces; au-dessus, le croisement des petits chênes et partout un voile noir... Pour se rassurer lui-même, et pour entendre la voix de ses compagnons, Trévihan faisait quelques récits. Puis il s'arrêtait, comme suffoqué, si une ronce s'attachait à son habit, croyant sentir un croc de sorcière. Ses discours n'étaient pas de nature à rassurer la troupe qui pourtant ne manquait pas de confiance dans la puissance de Magdeleine pour la garantir des maléfices.

Trévihan.

Voici le temps où le loup-garou de Plœmeur et le barbet noir dans lequel a passé l'âme de Boudaü (15), bondissent à travers les landes, à moins qu'ils n'aient pris leur course pour les montagnes d'Azé...

Er-Govic.

Oui..... pour se rouler et crier au haut du Mené-Hom. Et je puis dire que mon père a mieux vu que toi ce barbet noir descendre d'un gros nuage par un jour de tonnerre...

TRÉVIHAN.

Ton père a-t-il vu aussi la procession des six dames blanches du seigneur de Keroman ?... C'est bien à cette heure-ci qu'elles voltigent roulées dans une gaze et portant leur tête à la main... Mais chut! regarde Magdeleine... là-bas, où la lune paraît... — La troupe s'arrêta. — Ce n'était pas sans raison ; Magdeleine était restée debout dans une éclaircie du chemin. Elle avait dénoué ses cheveux et les faisait ondoyer avec fureur ; elle levait ses poings fermés vers une foule de formes hideuses et cabalistiques, qui l'environnaient. Il semblait qu'un sabbat tout entier fût descendu vers elle... Au-dessus de sa tête planait le squelette immobile d'un oiseau inconnu, dont le crâne ouvert, le bec en spatule alongée et rompue en fragmens inégaux, le ténébreux orbite, le cou tortueux et ridé, les pattes bizarrement tordues, les griffes demi-usées, auraient épouvanté les plus téméraires contrebandiers. Plus loin, le corps d'un gros serpent dressé sur sa queue, et surmonté d'une tête de taureau dont les cornes étaient à demi-cassées, et dont les mâchoires s'ouvraient pour dévorer un énorme polype à dix bras étendus en étoile... Joignez-y des ébauches, des essais monstrueux de formes humaines, des larves, des araignées gigantesques et d'énormes pélicans qui se recourbaient le cou pour se déchirer les entrailles, tout cela dans une immobilité plus terrible que la vie; et au milieu, Magdeleine échevelée...

— Vous savez tous, mes gars, que je n'ai pas peur, dit Trévihan; cette fois, avance qui voudra contre le sabbat... Moi je prends mes sabots dans mes mains, je jette mon penn-bac'h de côté et je cours au moulin. —

Les ténèbres ne sont pas amies du cœur de l'homme; combien de paniques ont circulé comme l'éclair, vers l'heure de minuit, à travers les armées les plus intrépides, tout étonnées de se voir lancées en arrière, courir à perdre haleine, sans savoir précisément quand elles s'arrêteraient?

Govic lui-même se laisse entraîner par ce torrent qui remonte vers sa source..... Il court dans le chemin noir, les chutes augmentent le désordre, et Magdeleine, qui entend rouler les sabots, remplit l'air de ses imprécations. Elle grimpe de rochers en rochers avec l'adresse et l'expérience d'une vieille chèvre, pour arrêter les fuyards au débouché du chemin creux. Elle arrive la première, dans une attitude vengeresse, et face à face avec Trévihan, elle pousse un cri qui le renverse.

Elle n'était pas seule ; contre son tablier se frottait un chien au cou énorme, à la gueule fendue, plus gros que le plus gros loup. Il n'aboyait pas, mais il grondait et n'attendait qu'un signal.

Imaginez une armée prise entre deux feux et dans cette situation perplexe où les jambes ne veulent plus ni avancer ni reculer. — C'est le chien de Guionvac'h, dirent-ils en même temps. — C'est lui, et je connais ses dents..... cria Magdeleine. — Là, là, Minn-dû ! et elle le pose en arrêt devant l'ouverture du chemin. Or ça, couards de la Sauderaie, laissez-là vos sabots, ramassez vos penn-bac'h, et haro sur les habits verts !

Entre deux maux on évite le plus prochain ; force fut de se remettre en route.... Mais tous se rabattaient le chapeau sur les yeux, tremblant de revoir le cortège de Magdeleine. Après bien des heurts, bien des chuchottemens, bien des haltes, ils arrivèrent à l'éclaircie où la folle s'était montrée au milieu de son appareil infernal ; mais en se decouvrant le visage avec toutes les précautions possibles, ils ne virent plus rien, que Magdeleine debout au milieu, d'une multitude de vieilles souches de chênes en partie abattues, tout récemment émondées, ne conservant de feuillage que le lierre qui s'était incrusté à leur antique épiderme, et figurant du reste tous les contours bizarres qu'une imagination épouvantée pouvait y reconnaître.

On respira plus facilement, le courage commença à renaître.

La troupe est ralliée, chacun a repris sa file, et remis son penn-bac'h sur l'épaule. On compte seulement un compagnon de plus, c'est le terrible Minn-dû, le fidèle gardien de Guionvac'h le déserteur : il marchait derrière Magdeleine. Er-Govic tout confondu prit la parole.

Er-Govic.

Quelle honte! voilà donc ce qui nous faisait tant de peur... quelques vieux pieds d'arbres et pas autre chose. Celui-ci est fait comme un oiseau, celui-là comme une tête de taureau... celui-là... Ah! si l'on savait que les gars de la Sauderaie ont jeté leurs sabots pour courir à se casser le cou parce qu'ils ont vu quelques morceaux de bois au clair de lune! Si nous n'avions pas eu devant nous ce vieux fou de piqueur de toile!...

TRÉVIHAN.

Doucement, Govic, parle plus bas... j'en sais long sur tout cela, je connais le sabbat de Magdeleine; et puis, vois-tu, je ne tiens pas à marcher le premier...

A l'instant Trévihan quitta le poste d'honneur et se retira tout-à-fait en arrière.

Cependant... Les voilà tous sortis de ce gouffre noir où dorment les vieilles souches; ils ont presque oublié les visions magiques qui ont failli déconcerter l'entreprise et maintenant ils franchissent les collines sablonneuses qui bordent le rivage. Autour d'eux végètent, en immenses traînées, le tithymale et le chardon de mer, chargés d'une multitude de petits coquillages blancs qui s'y sont attachés malgré les piquans des feuilles et la rudesse de l'écorce, comme l'homme s'attache à la vie; et qui restent se sécher, se consumer et mourir sur la plante où ils se sont posés par un temps meilleur; comme fait le pauvre Breton sur le sol rocailleux de sa patrie.

Entre les monticules se cachaient des compagnies

de halebrans qui criaient et prenaient lourdement leur volée à l'approche de la troupe. — Ceux-là vont dire aux gabelous que nous sommes ici, répétait Trévihan. — Pourtant sans incident l'on traverse les gorges qui conduisent à l'anse du Couragan.

La scène prit un aspect nouveau, un aspect de ruines et de désolation. La mer, encore grossie des tempêtes de la veille, grondait, montait et retombait en lourdes lames comme pour enfoncer la plage. On entendait retentir au dessous les voutes mystérieuses qui s'écrouleront au dernier jour sous les coups séculaires du bélier qui les bat.

Sur les brisans, aux pâles reflets de la lune, on voyait des montagnes d'écume blanche s'élancer de la mer comme des avalanches venues d'en bas. On entrevoyait, à demi engloutie dans le sable, la carène brisée d'un navire : autour de ses côtés hérissés d'éclis et de pointes de fer se dressaient, comme des hydres affamées, de grosses lames qui achevaient d'en ronger le squelette.

L'ombre des rochers s'alongeait toute noire sur le fond du golfe et semblait traversée par les étincelles sinistres que lançait l'écume des brisans.

Les gens de la côte, habitués à ces grands spectacles, les contemplent froidement, et ne voient dans la succession du calme et de la tempête que celle du jour et de la nuit, à moins que parmi eux quelques âmes privilégiées entendent plus distinctement le langage que Dieu apprit aux élémens le jour de la création. Pour le moment il ne s'en trouvait pas dans la troupe de la Sauderaie. Le bruit des flots était tout simplement pour eux un moyen de dérober leur marche, et les rochers de vrais parapets commodes pour se cacher et guerroyer contre les habits verts.

Minn-dû, le gros chien de Guionvac'h, se lançait à la mer; puis se laissant soulever par les lames, il retombait, déployait toute sa vigueur et semblait chercher quelque chose.—Ici, Minn-dû, cria Magdeleine; c'est un vaisseau de Saxons, laissons les Saxons boire l'écume... demain nous les trouverons, nous les enterrerons dans le sable... allons, Minn-dû, cherche ton maître.

Le chien se mit à fureter vivement dans les anfractuosités, et remuant sa queue garnie de longues soies blanches, il se baissa doucement et se tint immobile... —Il est là, dit Magdeleine.—Elle arriva auprès de Minn-dû, les autres l'entouraient sans rien dire.

Dans le ravin, entre deux rochers qui ressemblaient à un arbre fendu, on voyait un lit de sable blanc déposé par les hautes marées, puis une pierre enveloppée de longue mousse verte. C'est là que dormait un homme qui semblait de stature élevée. Son costume breton était caché sous une capote de marin. Ses cheveux noirs, séparés en longues mèches, lui couvraient une partie du visage sans empêcher d'apercevoir des traits empreints de tristesse et de beauté. Son sommeil ressemblait à une pensée douloureuse, sa poitrine se soulevait lentement et vibrait avant de retomber, ses sourcils s'agitaient; il commençait quelques mots qu'il ne finissait pas.

Magdeleine le regarda avec un sourire de maléfice; puis elle se mit à danser et à chanter.

—Déserteur, lève-toi, voici les gens du roi...; tourne autour de moi comme une roue sur son essieu.

—C'est ta voix, misérable sorcière, dit le jeune homme en se levant en sursaut; tu me fais mener la vie d'un enfant perdu...

MAGDELEINE (*avec ironie*).

D'un enfant perdu; comment, Loïsic, c'est moi qui te conduis dans les bons souterrains du Kérisouet avec les chauves-souris, dans les bonnes cavernes de Moélan avec les gros cancres barbus, dans les carrières de Carnoat avec les salamandres et les crapauds... J'ai soin de toi, tu vois bien..., et, sans moi, le déserteur...

GUIONVAC'H.

Et ne vaut-il pas cent fois mieux tomber avec du plomb dans les os, que de te voir et de t'entendre toujours, fresaie de cimetière ?

MAGDELEINE.

Pourtant, Loïsic, tu me verras encore quelque temps. Je suis ta mère, moi..., car tu n'as pas connu la tienne... Je sais des chansons pour t'endormir... (*Elle chante.*)

— Arrose, Guennaü, arrose ton moulin, il ne veut plus tourner qu'avec du sang.

—Assez, tais-toi, cria le jeune homme d'une voix terrible, en levant son penn-bac'h, ou plutôt sa noueuse massue... Tout-à-l'heure tu ne diras plus ta chanson de malheur.

Magdeleine se mit à rire en regardant Guionvac'h sans la moindre émotion, et lui dit tranquillement : — Qui donc te conduirait après dans les bons souterrains du Kérisouet avec les chauves-souris, dans les cavernes de Moélan avec les gros cancres barbus, dans les carrières de Carnoat avec les salamandres et les crapauds?

Govic.

Laisse-là cette coureuse de nuit, Guionvac'h, elle nous renverse l'esprit... Tiens, tu es le meilleur gars de la paroisse. Voilà ceux de la Sauderaie qui sont venus te chercher ; veux-tu les aider contre les gabelous?

Guionvac'h.

Les gabelous me chassent comme un sanglier... Je connais leurs tours... Puisque vous êtes venus, Guionvac'h vous aidera. Marchez sur les grèves, et moi sur les rochers...

Désormais la marche ne fut pas longue. Après quelques pas, Magdeleine s'arrête, trace un grand cercle sur le sable, range son armée autour, frappe trois fois la terre, se met au centre, et commence à décompter.

<pre>
      Er verb e dès naü merh
        A naü i tant de eih
          A eih de seih
          A seih de ueh
         . . . .
        De unon a hanni
  Er verb ne dès quet merh er het.
</pre>

Le verbe a neuf filles,
De neuf elles viennent à huit,
De huit à sept,
De sept à six,
. . . .
De une à rien ;
Le verbe n'a plus de filles.

Puis Magdeleine se jette et se met à gratter la terre avec ses ongles. — La louve est dans le cimetière, crie Govic. — Magdeleine n'écoutait pas ; elle grattait, elle grattait.

Sur un signe de la sorcière, tous se mirent à creuser en même temps avec le penn-bac'h. Ils sentirent un corps qui résistait ; ils en suivirent les contours. Peu à peu se dessina dans le trou un tonneau bien cerclé parfaitement sain, que la tempête avait laissé intact en l'enterrant dans le sable.

A cette vue, à cette apparition providentielle, les terreurs de la nuit disparurent, la sorcière fut un ange. — Est-il plein ? se disait chacun en frappant sur les cercles. Et réellement il était plein. — Place ! place ! s'écria Trévihan ; voilà de bons outils. — Il tire une vrille qui lui servait à faire des trous aux mâts des chaloupes, pour y attacher les voiles. Puis tournant avec une étonnante rapidité, fruit d'une longue habitude, il fait un trou à la douvelle d'en haut, il y enfonce le tuyau de sa pipe, et dilatant toutes les cavités de sa poitrine, il se met à faire des aspirations plus avides que celles d'un nouveau-né sevré pendant vingt-quatre heures. Enfin il relève la tête et s'écrie en toussant : *Guin ardent !* (16) *Guin ardent, guin ardent !* se répète comme un écho. On se pousse, on veut arracher Trévihan ; mais il s'était cramponné, il faisait corps avec le tonneau. Il tomba plus tard, comme une sang-sue gorgée; un autre prit sa place, et cette manœuvre dura jusqu'à ce que chacun y eut passé.

Guionvac'h, cependant, restait debout sur un tertre, regardant de tous côtés, il veillait comme il l'avait promis.

Les penn-bac'h s'agitaient, se frappaient déjà ; on allait jusqu'à pousser des cris de joie, quand on entendit la voix grave de Guionvac'h. — Gare les habits verts !

Roulons, roulons, dirent les buveurs en tâchant de parler bas. Les réflexions qu'ils faisaient alors, étaient tout-à-fait stimulantes; un tonneau contient tant de bouteilles, une bouteille donne tant de joie ; et puis les fatigues, les peurs, les dangers de la nuit. Tout cela en vain ! Un tonneau de *guin-ardent* donné par la tempête, acquis légitimement par *droit de bris*, pour être après la proie des gabelous !... non...

Allons ! pousse... et le tonneau roulait. Mais en écrasant le galet, il faisait le bruit d'une petite charrette dans un chemin pierreux.

La troupe était toute entière à son opération, mais quelques signes lointains paraissaient fixer toute l'attention de Guionvac'h et de la folle. Au bord des grèves, dans des cabanes construites avec quelques cailloux jetés presqu'au hasard et recouverts d'un jonc mêlé de chaume, cabanes plus pauvres que des huttes de sauvages et dont le moindre coup de vent fait voler au loin la toiture, on voyait quelques lumières qui passaient d'une lucarne à l'autre, disparaissaient et se rencontraient encore aussi mobiles que des feux follets.

Ils ne restent pas dans leurs terriers les gabelous, dit Guionvac'h ; Minn-dû, va !.. — Le chien se lança dans la plaine.

Minn-dû connait le fumet de Kérias, dit la folle. — Ce nom de Kerias ne rassurait pas la troupe. Il ne faut pas s'en étonner.

Kerias le gabelou, nerveux, maigre, sec et grêle, était fait pour battre la côte comme un chien courant pour se frotter aux broussailles. Il ne dormait pas. De sa méchante cabane il jetait souvent les yeux sur la campagne. Il semblait que la côte et la grève fussent une toile d'araignée tendue par son industrie et que les pas éloignés du plus léger contrebandier vibrassent jusqu'à sa dernière fibre. Il prenait son arquebuse et sa poire à poudre, faisait de longs circuits. Le soir sur la côte on l'avait souvent pris pour un héron à l'affût.

Pourtant Kerias ne pensait pas à grand'chose ; il n'avait qu'une idée, mais bien fixe. Nul ne fut jamais plus pénétré des devoirs de sa charge. Il ne voyait aucun crime comparable à celui d'un pauvre paysan qui enlève de la côte un peu de sel ou quelques feuilles de tabac... Mais pour un tonneau de *guin-ardent*,... ah ! s'il en était échappé un seul ! Kerias n'aurait plus eu de paix avec lui-même, lui, qui était là pour arrêter ce qu'on appelle la fraude.

— Il est encore dans sa cabane, je vois de la lumière, dit Govic. — Tu ne connais pas les randonnées de la gabelle, répond Guionvac'h. — Minn-dû arrive tout agité, se frotte à son maître en indiquant un monceau d'algues marines... Guionvac'h se lève et disparaît.

L'alarme a gagné toute la troupe... Pourquoi Guionvac'h est-il parti si vite ? Le danger presse, on roule le tonneau, on le dresse contre un rocher tout près du mât des signaux. Les hommes se couchent, s'amoncèlent en rangées de fascines autour de ce nouveau bastion. Tous, jusqu'à Magdeleine, n'osent souffler : on attend.

Bientôt sur le rocher opposé s'élève lentement une grande silhouette noire armée d'une longue arquebuse... — Miséricorde! ç'est Kerias !... chut ! chut !... — C'était bien le gabelou. Il regardait de tous côtés, et sans doute il ne distinguait pas le monceau d'hommes et de choses caché dans l'ombre et bien appliqué à la pierre de manière à figurer un prolongement du rocher.

Le plus rusé gabelou, malgré le secours de sa longue vue, ne pouvait manquer de s'y méprendre ; car, si l'on en excepte les tremblemens de Trévihan, toute la troupe, entassée, blottie, attendait dans une immobilité parfaite que Kerias se fatiguât à considérer vainement l'ombre des rochers. Mais le vieux Kerias avait trop vécu dans la gabelle pour se hâter de quitter un poste avantageux. Aussi restait-il planté droit, puis couchant sa longue arquebuse, il promenait le bout du canon tout autour de lui, s'arrêtant sur les endroits les plus suspects.

Ce procédé n'était pas de nature à tranquilliser

Trévihan. Mes gars, murmura-t-il tout bas, allons-nous donner notre peau pour un tonneau de *guinardent?* — Malheur à toi si tu parles, dit Magdeleine en lui mordant l'oreille. — Mange-moi l'oreille si tu veux, folle enragée, réplique le patient, je ne veux pas être tué au gite. Puis d'une voix de cauchemar, il s'écria comme il put : — Holà ! Kerias, ne tire pas, nous n'avons que des *penn bac'h.*

Kerias poussa le glouglou de joie d'un cormoran qui vient de prendre un poisson. — Halte-là, fraudeurs, dit-il, mort à qui bougera! Puis il ajouta d'une voix de fausset : — Procès-verbal, au point du jour !...

Procès-verbal ! ce redoutable mot fait trembler la troupe. Adieu tant d'espérances. Chacun était consterné, si ce n'est Magdeleine, qui, relevant la tête, posait sur Trévihan deux griffes menaçantes. Le temps s'écoulait, le jour ne devait pas tarder à poindre.

Et toujours Kerias se tenait à l'affût, assez semblable à ces mannequins qui effraient les moineaux dans un potager.

Cependant, derrière l'immobile gabelou, on voyait s'avancer un grand corps : c'était Guionvac'h..... Minn-dû marchait près de lui.....

Soudain Guionvac'h s'élance, enlace le vieux Kerias dans ses bras vigoureux, tandis que Minndû passe en avant, lui met deux larges pattes sur les épaules et lui montre assez près du nez deux crocs blancs et pointus, qui, au premier signal, se seraient implantés dans les chairs.

Le renard est au piége, crie Magdeleine en accourant. Ce sera beau en l'air, la peau d'un gabelou..... Vite, vite ! hissons-le au mât des signaux. — En même temps elle dénouait une grosse corde qui lui servait de ceinture.

— Eh bien ! dit-Trévihan tout gonflé, je sais ce que je fais, moi : tu as eu beau me mordre l'oreille ; si je n'avais rien dit, serait-il resté attendre Guionvac'h ?

Pendant tous ces éclats, Guionvac'h enlevait à Kerias son fusil et sa poire à poudre, et livrait aux gars de la Sauderaie le maigre prisonnier qui, dans cette triste péripétie, semblait indifférent à sa propre infortune. Mais, fixant des yeux consternés sur le tonneau qu'il venait enfin d'apercevoir, le gabelou se mordait les lèvres et répétait : — Il passera donc en fraude !

A l'ouvrage, à l'ouvrage ! disait Magdeleine, en faisant un nœud coulant au cou de Kerias. Cette corde en a déjà serré un. Plus tard vous en aurez chacun un morceau. Cela vous portera bonheur, vous pourrez aller dans les foires, dans les marchés, votre fortune est faite comme si vous aviez le chat noir.

— Ecoute, Magdeleine, dit Guionvac'h, il y a ici deux choses: le tonneau à sauver et Kerias à pendre; roulez d'abord le tonneau, et puis... — Non, non ! cria Kerias, serrez plutôt le nœud, que je ne le voie pas passer en fraude. — Eh bien ! tu le verras, répliquent les contrebandiers, et ils l'attachent au mât des signaux. Magdeleine le coiffe de goësmon et lui envoie quelques maléfices, puis on allait se mettre en devoir de rouler le tonneau.

Mais, chose extraordinaire, Kerias venait de relever la tête, il avait regardé au loin, et tout garrotté qu'il était, on remarquait dans sa personne un certain air d'espérance et de contentement.

A cette vue les gens de la Sauderaie pressentirent quelque malheur, ils se dispersèrent pour observer de tous côtés.

Sur la grève on apercevait un mouvement de lumières et tout le long de la côte filait une petite voile blanche surmontée d'une longue flamme. — Voilà le corsaire des gabelous en route, dans une demi-heure ils sauteront à terre... malheur à toi ! Kerias, tu sentiras avant la jarretière de Magdeleine...

Mais Kerias n'en paraissait pas moins soulagé d'une grande inquiétude. Il respirait à l'aise en disant : —Il ne passera pas en fraude.

— Malédiction ! hurla Magdeleine. Non, non, ils ne l'auront pas... Vite, relevez le tonneau... Buvez, buvez vite, et toi, tu vas voir comme on baptise un gabelou. — En même temps elle ramasse une grande carcasse de crustacé, elle la remplit de *guin-ardent* qu'elle verse à flots sur la tête de Kerias. — Attends, dit Trévihan, il serait trop heureux si le courant lui passait sur les lèvres. Puis, arrachant une poignée de saxifrage, il en essuyait les lèvres de Kerias qui variait de toute manière ses contractions et ses grimaces.

Les gars de la Sauderaie ne perdent pas leur temps ; ils courent à la côte, prennent de larges coquilles, se dépêchent de puiser, et de puiser encore au tonneau, jurant, maudissant, se poussant : il n'y a pas d'estomac qui ne devienne une outre... et les jambes de chanceler.

Enfin, bon nombre de buveurs couvrent de

leur corps les approches du tonneau. C'est un vrai jour de bataille...

Voilà le corsaire à la côte, il faut partir, dit Guionvac'h. — Mais l'immobilité la plus parfaite régnait autour de lui. Magdeleine seule était debout : elle court prendre de l'eau de mer dans le vase qui a baptisé le gabelou, elle en inonde la tête des asphyxiés. Quelques-uns se relèvent à l'effet de cette douche. On charge comme on peut sur les épaules ceux qui ne donnent plus de signes de vie, et les porteurs tout chancelans, tout fléchissans sous leur fardeau qu'ils laissent parfois tomber, semblent procéder aux grotesques funérailles de cette nuit aventureuse...

Guionvac'h et Minn-dû forment l'arrière-garde.

Chemin faisant, Magdeleine s'aperçoit qu'elle n'a plus la corde qui lui serrait les reins et qui était destinée à prendre des qualités nouvelles en servant de cravate à Kerias. Elle n'était pas d'humeur à perdre ainsi le plus fort de ses talismans. Elle retourne au mât des signaux et détache le gabelou à demi-mort de tant de secousses. Puis elle s'en revint en criant haro sur les habits verts qui débarquaient à la cale du Couragan.

III.

L'Orphelin.

Ce Guionvac'h que nous avons vu courir la nuit avec le seul ami sur lequel il pût compter, avec le fidèle et intelligent Minn-dû ; ce Guionvac'h que l'on nommait *le déserteur*, avait mené une vie errante et agitée.

Victime obscure de la destinée, il concentrait en lui-même tous les besoins d'une âme ardente, inquiète, pleine de dévouement. Orphelin de bonne heure, il n'avait conservé aucun souvenir du regard de sa mère; et cette lacune de l'existence, il la sentait cruellement.

Le malheureux, quand il avait couru la campagne, évitant les poursuites dirigées contre lui, si vers le soir, au pied de l'arbre d'une petite ferme, il venait à prendre siége sur la pierre de l'hospitalité et qu'il aperçût quelque mère bien tendre, allaitant son petit enfant, le fêtant, lui faisant des joies, essayant de lui faire donner sourire pour sourire ; ses yeux se remplissaient de larmes; car, pour lui, il n'avait pas connu sa mère, et le souvenir d'une mère et même d'une mère qui n'est plus, c'est le ciel en ce monde.

Que ne disait-on pas sur l'enfance du pauvre Guionvac'h ? car il occupait tout le monde : son regard mélancolique ne s'oubliait pas. Oh non ! pas plus que ses longs cheveux noirs flottans sur son cou musculeux, pas plus que la fierté de sa démarche, l'indépendance de son caractère, la supériorité de sa force, de son adresse, de son courage. On parlait souvent de Guionvac'h ; on le craignait même : car abandonné, errant avec un cœur brûlant comme le sable du désert, il écoutait par fois les sinistres inspirations de Magdeleine la folle, il se livrait à l'orgie. Ses cris avaient trop souvent retenti dans la nuit.

Une chose encore faisait regarder Guionvac'h comme doué d'une âme peu commune. Par fois il interrompait tout-à-coup sa marche ou ses discours. Son œil restait fixe, ses membres immobiles. Absorbé dans une réflexion secrète et profonde, il ne respirait plus, il n'était plus de ce monde. Un fer brûlant ne l'aurait pas tiré de sa rêverie. Plus tard il revenait à lui-même en poussant quelques sanglots et tombait dans un abattement qui ne se dissipait qu'avec lenteur.

Pour ce qui concernait son enfance, c'était la vieille Barbann, la bonne sœur, qui en parlait dans les veillées. Lorsqu'elle racontait au coin du feu l'histoire de Guionvac'h, les jeunes mères frissonnaient et pressaient leurs nourrissons contre leur sein, en regardant bien autour d'elles. Voici à peu près ce qu'elle en disait.

— Il y avait à la ferme de la Sauderaie une jeune fermière venue de Clohar avec son mari. La jeune femme se nommait Martha, et son mari René Guionvac'h. Ils s'aimaient bien, car ils caressaient, ils berçaient l'un après l'autre un joli petit garçon que Dieu leur avait donné. Quand René revenait le soir et passait sous les larges frênes du *pâtis* avec ses bœufs trainant la charrue, le soc en l'air, Martha courait lui porter son petit garçon qui se mettait à rire en jouant avec le fouet de son père et en jetant sur l'herbe son large chapeau.

Martha laissait par fois endormi son fils, le petit Loïsic; elle le posait doucement dans son berceau, le liait avec des tresses, le couvrait de son tablier, lui donnait un baiser, le regardait un peu et s'échappait pour aller au champ. Mais elle revenait souvent mettre l'oreille à la fenêtre pour écouter si le petit Loïsic ne criait pas. Au moindre bruit elle accourait et lui présentait le sein.

Elle ignorait, la pauvre Martha, tout ce qu'on disait dans le pays sur le danger de laisser les enfans seuls; elle l'ignorait parce que l'on osait à peine parler de ces choses aux étrangers.

Pourtant, elle aurait bien dû avoir quelques craintes. Il y avait tout autour de la Sauderaie, dans les taillis comme sur le penchant des collines, au milieu des landes comme dans le fond de quelques vallons incultes, des *doll-men* (17) qui cachaient l'entrée de vastes souterrains, et des *galgals* tout crevassés. Par là sortaient la nuit des bandes de courils (18) noirs: non pas de ces courils qui ne savent que danser et faire des niches aux tailleurs qui reviennent tard de leur journée, mais des courils d'une espèce méchante et venimeuse, véritables vampires qui cherchent à nourrir leur affreuse famille du sang des jeunes mères.

Un jour donc elle revenait voir si l'enfant pleurait, ou bien si tirant ses petits bras hors de son lit, il jouait avec ses rideaux.

Elle fut glacée en entendant sortir du berceau un cri semblable à celui d'une chauve-souris qui se débat la nuit. Elle découvre le berceau et recule.... C'était un monstre hideux comme la momie de Landeda; aux membres velus et accroupis, aux dents et aux ongles noirs et pointus.

Loïsic, Loïsic, mon fils, est-ce toi ? — Elle voulait approcher, mais elle ne pouvait ; le petit monstre la regardait avec des yeux de vipère; elle frissonna d'horreur quand elle le vit tendre vers elle des bras armés d'anneaux et de ventouses.

Martha remplit la maison de ses cris douloureux ; elle veut sortir pour chercher son fils.

Une femme était assise sur la pierre de la porte, c'était Magdeleine, oui, Magdeleine la folle : elle souriait froidement et contemplait avec un air de sarcasme infernal ces angoisses de la pauvre Martha. — Ah! rends-moi mon fils, mon petit Loïsic, prends ce monstre affreux. — Ne te mets pas en peine, Martha, lui dit Magdeleine. C'est bien ton fils Loïsic, qui est là, dans le berceau ; les sorciers lui ont bien un peu changé la figure, mais donne-lui de ton lait, il reviendra ce qu'il était. — Au nom de la très sainte Vierge, ne me trompe pas, dit la crédule Martha, est-ce bien lui ? Il reviendra ce qu'il était, ce qu'il était avec ses jolis petits cheveux noirs bouclés, son œil si doux, ses petites mains si caressantes ? — Fais ce que je te dis, tout cela reviendra, répondit Magdeleine d'une voix d'airain.

Alors Martha s'avance vers le berceau : elle était toute tremblante. Plusieurs fois elle essaie de présenter son sein, mais elle recule d'horreur. Enfin elle se dévoue, elle se précipite. — Malheureux, s'écrie-t-elle, reviens, reviens, ne fais plus horreur à ta mère. — Soudain le monstre s'accroche à sa mamelle : c'est l'aspic sur une colombe. — Tu m'as trompée, ce n'est pas mon fils, cria Martha, d'une voix déchirante. Elle tombe presque morte sur la pierre de son foyer ; le monstre s'attache comme un vampire.

Martha sentit un froid mortel quand elle se réveilla de cet affreux sommeil. Un délire douloureux s'empara de la pauvre mère. Elle mourut en appelant son fils.

René Guionvac'h ne survécut à sa femme que peu de jours.

Pour le petit Loïsic Guionvac'h, on fut quelques semaines sans en entendre parler, pas plus que de Magdeleine.

Un soir, on revit Magdeleine assise sur le pas de la porte.

Elle portait sur les bras un jeune enfant; c'était le pauvre petit Loïsic, mais pâle, mais souffrant, l'œil terne, les doigts maigres : il ne riait plus. Magdeleine le faisait rudement sauter, et jouait avec lui comme avec une proie. Enfin elle le jeta sur le pailler en lui criant :—Fils de Martha, je t'ai donné une bonne nourrice, va-t-en, je te retrouverai.—Et elle s'en fut.

Dans ce bon pays de Bretagne, si mal jugé sur tant de points, dans ce bon pays de Bretagne, les orphelins ne sont pas abandonnés. Autour du lit d'un mourant on se distribue sa famille pour qu'il puisse passer en paix. Quand il sera là haut il priera; ici bas l'on soignera les siens; voilà l'échange de services. Le moribond s'en va bien assuré que ses enfans trouveront à s'asseoir sur la pierre d'un autre foyer.

Le petit Loïsic ne resta donc pas bien long-temps

sur le pailler où Magdeleine l'avait jeté. Malgré le mystère des derniers événemens, il fut recueilli et passa de maison en maison. Il séjourna plus long-temps dans celle du meunier Guennaü qui le faisait jouer avec sa petite fille Marivonic.

Loïsic vagabonda avec toute la liberté d'un pâtre. Intrépide dans ses courses il ne craignait ni les loups des montagnes, ni les vipères des taillis. Il grimpait sur les pins les plus élevés, et s'avançait bien plus avant que les autres au fond des longues cavernes creusées dans les rochers du Couragan. Puis il se jetait à la mer et nageait seul pendant de longues heures.

Le curé, qui l'avait remarqué le dimanche, lorsqu'il venait à la messe avec Marivonic et sa famille, témoigna le désir de l'avancer et de lui apprendre le latin. Mais Guionvac'h ne pouvait se plier à cette vie monotone de l'étude. Il aimait mieux se cacher dans les landes, s'asseoir sur les rochers, se coucher sur la grève et regarder jaillir l'écume du moulin de la Sauderaie. Il aimait mieux surtout la compagnie de la petite Marivonic, qui se mettait en colère lorsque de méchans enfans venaient dire à Loïsic : — Tu n'as ni père ni mère.

Ce n'est pas que Guionvac'h manquât de réflexion. Bien au contraire. On voyait quelquefois ses grands yeux noirs se fixer vers la terre pendant long-temps, et sans doute se passaient alors en lui quelques-uns de ces mouvemens spontanés d'une âme pleine de feu et de mélancolie. Il semblait contempler avec délices le ciel, la nature et toutes les grandes scènes qui l'environnaient.

Ainsi, à mesure que les forces de son corps se développaient, celles de son âme devenaient aussi surabondantes.

D'abord, Guionvac'h se mit à courir les luttes et les pardons (19) lointains de la Cornouaille et du Léonnais.

On le voyait assis dans le porche de l'église, sur les hauteurs de la Martyre, au-dessous d'une treille de granit qui, souple et sinueuse, retombe élégamment de tout le pourtour de l'archivolte.

Ou bien, à la fête de saint Éloi, il se chargeait de monter à poil des chevaux indomptés et de leur faire franchir d'un bond le large ruisseau qui tourne autour de la chapelle. L'animal qui a subi cette épreuve l'emporte en vigueur sur tous les autres. Une partie de sa crinière est déposée sur l'autel, et le cavalier s'en va couvert d'honneur.

D'autres fois, Guionvac'h était envoyé par les gens de son quartier pour disputer un morceau de la croix de Santec, de cette petite croix de sureau garni de ses fleurs, que le prêtre lance au milieu de la foule. Plus de dix paroisses se sont réunies pour se la disputer avec fureur. Tous se précipitent les uns sur les autres, vous diriez une colline en mouvement. Chacun veut emporter un débris de la petite croix, qui assure une belle moisson pour l'année suivante.

Au milieu de ces violens exercices et des triomphes qu'il y obtenait, Guionvac'h parvenait quelquefois à se faire illusion sur sa situation réelle, et à donner le change à cette tristesse, compagne inséparable de celui qui ne s'est jamais connu de famille.

Il faut le dire; Guionvac'h aimait le sourire et les éloges de la fille de Guennaü; mais il se répétait souvent à lui-même : Marivonic vaut mieux que moi, je ne dois pas penser à elle; elle a un père et une mère!

Guionvac'h se lassa enfin de ses jeux et même de ses victoires. Il n'allait plus ni à Banalec, ni à Kelven, ni à Scaër; il tombait dans une rêverie profonde. Il regardait Marivonic et répétait tout bas : Elle a un père et une mère ; moi je suis seul, et je resterai seul.

On disait dans le pays que Guionvac'h était, malgré lui, sous l'empire de Magdeleine la folle... la folle qui s'était trouvée assise sur le pas de la porte quand Martha revint au berceau de son fils.

Magdeleine savait donner le *reuz* (20). Elle était venue de Clohar à Guidel en même temps que la famille de René Guionvac'h. Elle s'y était attachée à cette famille comme un esprit de ténèbres. Quand on la croyait bien loin, elle était cachée sous les charrettes ou derrière le pressoir. Ses paroles entrecoupées avaient, dans leur sens équivoque, quelque chose qui faisait trembler.

Elle venait aussi quelquefois auprès du moulin de la Sauderaie, et semblait prendre quelque intérêt à l'orphelin ; mais souvent, quand elle se croyait seule, on la voyait le regarder en grinçant des dents. Puis elle restait auprès de lui tranquille et froide comme un reptile qui est sûr de toute la malignité de son venin.

Plus tard elle exerça sur Guionvac'h un empire dont il ne pouvait se défendre. Souvent il la suivait comme tiré par une chaîne, il l'écoutait, quoique sa voix lui fît mal. Pourquoi la folle s'attachait-elle ainsi à Guionvac'h plutôt qu'à tout autre ? Cette question chacun se l'adressait en tremblant ; mais personne ne savait y répondre. Toujours était-il que cette dépendance de Guionvac'h le diffamait lui-même ; on n'en approchait pas sans crainte; on redoutait la contagion d'un malheur qui paraissait surnaturel.

Cette défiance qu'il remarquait lui inspirait de l'éloignement pour ses anciens amis, et Magdeleine ne manquait pas d'augmenter par de faux rapports cette propension à la solitude et aux sombres pensées.

Parfois Guionvac'h venait passer une partie du jour dans les ruines du château de la Sauderaie, derrière les escaliers tournans, les créneaux abattus. Il regardait par une petite ogive garnie de mousse et presque bouchée de feuilles et de grappes de lierre auxquelles s'entremêlaient des campanules bleu de ciel ; de là il voyait Marivonie seule, alerte, dans toute la gaieté de son âge et de son village, vaquant aux soins de la maison ; teillant le lin, filant sa quenouille, soignant ses poules ou barattant son beurre, tandis que le torrent retombait en brisant son écume sur des pointes de granit; que le moulin, tournant avec un fracas monotone et cadencé, lançait de ses larges palettes une multitude de globules qui prenaient en jaillissant les couleurs de l'arc-en-ciel, et retombaient sur les feuilles des noisetiers penchés vers le courant.

Par intervalle le bonhomme Guennaü prenait sa bombarde ou son bignou (21), et jouait les airs d'autrefois.

Lorsque la jeune Marivonic apercevait quelqu'agitation dans le feuillage qui servait de rideau à la petite ogive, elle pensait bien que Guionvac'h était là; elle courait vers lui pour lui porter des crêpes de bled noir avec du lait caillé et lui dire quelques unes de ces bonnes paroles qui font oublier les chagrins ; il les écoutait avidement : mais si la voix de Magdeleine venait à retentir dans la montagne ou sur les bords du Loc'h, alors Guionvach devenait triste, retombait sur lui-même et disait à Marivonic : —Va-t-en, laisse-moi seul, car pour moi je n'ai ni père ni mère.

IV.

Mal du Pays.

Le malheur, l'abandon, le mépris peuvent abattre les faibles et les porter à regagner par la pitié ce que leur ont arraché l'opinion, la force et l'injustice ; mais ceux qui ont un cœur d'homme tendent tous les ressorts de leur puissance personnelle et apprennent à rendre dédain pour dédain. Dans ce terrible travail de résignation, leur front pâlit, mais ne s'incline pas. C'est alors que les plus ignorans deviennent contemplatifs et se tournent vers la nature : car ils entendent une langue inconnue, des voix compatissantes et d'ineffables paroles que les heureux n'entendent pas et qui font oublier jusqu'aux cris improbateurs, jusqu'à la pression des masses d'hommes.

Guionvac'h se promenait donc le long du rivage. Il regardait les flots mesurer en battant la grève le temps qu'il avait encore à languir en ce monde, ou bien il considérait les fantômes ébauchés dans les nuages; ou bien parfois, les bras croisés, assis sur les pierres plates du Kerfsouet, il dévorait des yeux toute l'étendue de l'Océan, il regardait les vaisseaux passer à l'horizon et s'éloigner en cachant leurs voiles dans la pourpre du soir, et en renvoyant aux falaises les dernières nuances du crépuscule.

Ils vont bien loin, se disait-il, mais ils trouveront des pays où l'on n'entend pas les chansons de Magdeleine la folle, où l'on ne vous repète pas toujours que vous n'avez ni père ni mère. J'irai avec eux, j'irai voir; adieu!.. adieu!..

Guionvac'h fut annoncer son départ au bonhomme Guennaü qui le regarda bien affectueusement, et se contenta de lui dire à plusieurs reprises : — Ceux qui courent en valent-ils mieux ? — Marivonic se cacha la tête dans son tablier, quelques larmes roulèrent dans les yeux de Guionvac'h, mais son parti était pris, il s'éloigna. . . .

Le voilà matelot du roi, voguant à pleines voiles vers d'autres pays ; agile, vigoureux et ne redoutant rien pourvu qu'il pût faire diversion aux douleurs de son âme. Il bondissait sur le pont, glissait le long des cordages, filait du misène au beaupré, méprisant les haubans, se balançant sur les vergues lorsqu'elles se penchaient sur l'abîme, ou se jetant dans la pirogue lorsqu'on la lançait à la mer.

Heureux d'échapper au cortège importun de ses pensées de chaque jour, il se livrait à corps perdu à toute l'impétuosité de ses nouveaux exercices....

C'était une belle frégate, elle rasa les côtes d'Espagne, salua les montagnes de l'Atlas, croisa dans la Méditerranée. Légère et gracieuse, elle visitait toutes les îles, doublait tous les promontoires, effleurait tous les rescifs. Partout la grandeur du spectacle, la variété des mœurs et des costumes attiraient l'attention du voyageur ingénu.

Il vit pour la première fois dans toute sa pureté le bleu du ciel et la transparence azurée de la mer au fond de laquelle se dessine, sur des plages vertes, un filet de lumière à mailles serrées, mobiles, scintillantes; et ces riches manteaux d'or, de pourpre et d'amaranthe dont le soleil s'enveloppe à son coucher.

Une lumière immense y porte la vie depuis la voûte des cieux jusqu'au fond de l'abîme. Les nuages, les rochers, les montagnes, la terre et les eaux confondent doucement leurs couleurs. Les contours s'éteignent dans un océan de vapeurs changeantes, tout devient transparent. Vous diriez un tableau enchanté peint sur une toile de cristal. C'est bien là qu'il est permis de rêver à l'âme du monde et de proclamer la lumière souveraine de l'espace et de la création.

De loin en loin des côtes élevées, des colonnes, des ruines, des arcades, des temples, des minarets, tout cela à travers une gaze bleue.

Pour le nom des pays, Guionvac'h ne le demandait pas. Que lui importait, après tout? Il tombait dans l'anéantissement à la vue de tant de beauté.

Ah! si le poète qui peut se servir de toutes les ressources d'une langue harmonieuse souffre encore, lutte, pleure et tombe de lassitude parce qu'il ne peut rendre avec des organes toute l'harmonie de son âme, que sera-ce d'un pauvre matelot qui dans son ignorance a reçu de Dieu le pressentiment de l'infini... de l'infini qui retentit dans sa pensée comme un tonnerre lointain. Malheur à ces âmes de poète qu'aucune sympathie n'environne et qu'aucune langue ne peut soulager du fardeau de leur inspiration !

Mais cet éblouissement ne pouvait être que momentané. Revenu de ces premières secousses, Guionvac'h retrouva au fond de lui-même la tristesse qu'il avait voulu fuir et à laquelle il avait échappé en effet pendant les premiers mois de sa nouvelle position. — Une terre cependant lui sembla plus conforme à ses pensées.

Il vit une île hérissée de hautes montagnes. Un cap s'alonge dans la mer ; on dirait une longue baleine. Là tout paraît âpre et sévère.

Entre des pics immenses qui rapprochent leurs flancs décharnés, leurs colonnes basaltiques, et leurs roches penchantes à demi détachées de leurs bases, se développe une voûte de nuages et de brouillards qui semble un débris de montagne venu d'en haut, voûte ténébreuse et menaçante. Ceux qui pénètrent dans ces basiliques sans rosaces, sans vitraux, sans jour, mais terribles et mystérieuses, entendent au fond des voix graves, monotones, éternelles ; ce sont les cataractes des torrens.

Çà et là des montagnes hérissées en dents de scie comme l'épine d'un de ces antiques dragons qui se retrouvent encore dans les entrailles du monde.

Çà et là d'énormes palissades de granit, enveloppant de vastes contours, qui, par les temps d'orage, lancent des traînées de feu à travers leurs énormes meurtrières, tandis que des lambeaux de nuages noirs aux formes hideuses viennent s'y combattre, s'y heurter, s'y pénétrer; vous diriez le siége d'une citadelle infernale. . . . .
. . . .

Où donc êtes-vous, petits bouquets pleins de fraîcheur qui vous penchez au dessus des talus, pour embaumer les chemins creux ? L'incarnat de la fleur du pommier s'y mêle à la blancheur de l'aubépine, et la fleur jaune du genêt repose sur la pourpre de la digitale... O que vous êtes doux à la vue sous l'ombre si mobile, si gracieuse d'une voûte de petits chênes qui commencent à se parer de leurs feuilles !

Où-êtes vous, belles moissons de petites fleurs si blanches, qui répandez au loin l'odeur du miel; vastes champs d'épis dorés, que le coquelicot et le bluet viennent panacher d'écarlate et d'azur?

Plaines de landes et de bruyères avec vos *dollmen* et vos *men-hir*.

Et toi, petite chapelle dans laquelle ma mère

vint peut-être plus d'une fois dire son chapelet faire des neuvaines et prier en secret pour un mal heureux qui souffre encore en ce monde !

Aiguille de mon clocher que les peuplier saluent chaque jour en se courbant à la brise d matin !

Folgoat,... tombeau du pauvre fou qui s balançait sur un arbre en criant : Marie !.... Marie !....

Carnac aux mille pierres; Sainte-Anne, o respire encore l'âme si douce de Nicolasic; enfan d'Arzon, qui combattez sous l'écharpe d'un sainte,... ne vous reverrai-je pas un jour ?

Telles étaient les pensées qui commençaient troubler l'âme de Guionvac'h.

C'était pour la première fois qu'il avait quitté patrie; il ne savait pas ce que peut sur l'âm d'un Breton le souvenir de la terre natale, souve nir qui est sa vie, souvenir qui fait partie de so être et qui se change en douleur poignante quan l'espérance d'y reposer un jour *dans le trou* terre à côté de ceux qu'il aima, ne vient pas soutenir.

Il se représentait aussi le château de la Saudera avec ses moitiés de tours pourfendues comme ur vieille armure, et surtout la petite ogive garn d'une draperie de lierre et de campanules bleues, qu'il avait soin d'éloigner doucement pour apercevoir la jeune Marivonic.

Qu'elle était bien, la fille de Guennaü, avec sa coiffe à bandelettes blanches, son collier de velours noir qui soutenait une relique d'argent, et son petit tablier à piécette rouge rayée de blanc !

Comme elle s'agitait pour appeler ses poules qui arrivaient vers elle en couvrant de leurs ailes toute leur fourmillante couvée ! Comme elle riait de l'inquiétude de ces bonnes mères quand elles couraient en gloussant sur le bord des ruisseaux pour empêcher les petits canards qu'elles avaient fait éclore de se jeter au milieu du courant !

Comme elle barattait vivement son beurre, comme elle retournait lestement sur la galétoire ces excellentes crêpes qui faisaient les délices du bonhomme Guennaü ! Puis elle les rangeait en pyramide, et elle avait soin d'en mettre quelques-unes de côté pour les donner à l'ami de ses jeux et de son enfance...

Et quand elle voyait s'agiter le feuillage dans la petite ogive du château, comme elle accourait !... Comme elle savait dire des choses qui rendent la sérénité aux âmes souffrantes !

Pauvre Marivonic ! disait Guionvac'h, peut-être pense-t-elle aussi à moi en gardant ses vaches et filant sa quenouillée au pied du grand hêtre du Goïffrec, au bruit du battoir et des causeries des laveuses.

Parfois le souvenir de Magdeleine venait se jeter à travers toutes ses idées. Mais la voix de la patrie absente domine toutes les autres; elle étouffe les cris les plus sinistres. Forte et pénétrante, elle se fait entendre seule.

Guionvac'h devenait insensible à toutes les distractions. Il retombait dans son ancienne mélancolie. Les autres matelots riaient, se moquaient de lui et levaient les épaules en le regardant. — Laissez-là ce Bas-Breton, disaient-ils, il a le mal du pays.

Quand il avait fini le quart, Guionvac'h s'asseyait au pied du cabestan; là, le dos appuyé, les bras croisés, la tête penchée sur la poitrine, il était seul au milieu du bruit des manœuvres et des cris de ses camarades.

A qui parler de Guidel? Chacun avait là pour toute patrie la frégate qui se joue dans le creux des grosses lames. Patrie mobile, inconstante et agitée comme le cœur du matelot.

L'équipage avait recueilli sur la côte un beau

chien de Terre-Neuve qui probablement avait perdu son maître. Pauvres animaux ! leur patrie à eux c'est le cœur d'un homme. Minn-dû — c'était le nom auquel il répondait — avait poussé pendant quelques nuits des hurlemens douloureux, puis il était resté morne et abattu. Son large front orné de boucles noires ne se relevait plus. Ses longues oreilles traînaient sur le pont ; son regard si plein d'intelligence et de bonté se fixait à peine. On ne le voyait presque jamais se dresser sur ses larges pattes. Et pourtant c'était un beau chien. Certes il était redoutable, et quand il tendait les larges muscles de son cou et de ses hanches, il ne devait craindre aucun ennemi ni dans l'eau ni sur la montagne.

Il vit un homme languissant, il s'en rapprocha poussé par l'admirable sympathie que Dieu a donnée à ces bons animaux, pour la consolation de ceux que l'âge ou l'infortune ont privés de leurs amis.

Minn-dû se traînait vers le cabestan, auprès de Guionvac'h, puis posant doucement sa tête sur les genoux du matelot, il le regardait pour demander une caresse.

— Viens, pauvre chien, dit Guionvac'h, que je pose ma main sur ta tête... Tu souffres comme moi, viens, je remplacerai ton maître ; mais moi, qui me rendra mon pays ? qui me rendra Guidel ?...

Et bien souvent, ces deux malheureux se trouvaient ainsi réunis auprès du cabestan.

La frégate rentra dans l'Océan. Elle devait longer la côte de France pour aller dans le Nord.

A cette nouvelle Guionvac'h respira moins péniblement. Si je pouvais, se disait-il, passer dans le coureau de Groix, entrevoir seulement le clocher de Guidel !

Et l'enfoncement du Loc'h avec ses arches brisées ; et les arbres de la Sauderaie, et le château du Kerisouet et le promontoire du Couragan !

Il nourrissait un espoir bien vague, mais enfin il se trouvait soulagé.

La traversée fut heureuse; après quelques jours de navigation se montrèrent Belle-Ile et le bras alongé de la presqu'île de Quibéron, la pointe de Gâvre avec ses bastions de rochers, l'île de Groix vis-à-vis la côte de Guidel.

La frégate entra dans les coureaux, mais il faisait nuit.

C'est là, c'est là, se disait Guionvac'h en regardant la côte. Ce fantôme noir, c'est le grand sapin du Kerisouet. — Son œil avide s'efforçait de plonger dans les ténèbres.

Mais l'avant de la frégate, faisant briller l'écume, fendait le courant avec une prodigieuse rapidité, par une brise des plus fraîches. — Demain matin nous serons bien loin au large, disait Guionvac'h, je ne les verrai donc plus. Et le cœur lui défaillait. Il s'assit encore au pied du cabestan. Minn-dû se posa près de lui...

Vers minuit le vent souffla nord-est et la frégate fut obligée de ralentir sa marche et de prendre des bordées. La brise de terre portait à bord le parfum des bouquets de landes. Oh! comme il respirait, ce pauvre Guionvac'h! L'Arabe du désert ne se tourne pas plus avidement vers la brise qui a passé sur la verdure d'un Oasis.

Toutes ces manœuvres prirent du temps. L'aube commençait à paraître, on découvrait la fumée des chaumières de Kervresten et de Beg-en-Aînès. Les chants des coqs se mêlaient aux ranz des pâtres.

— C'est le coq de la Sauderaie... c'est lui, c'est le coq du moulin de Guennaü. Marivonic est levée maintenant, elle est là... — Guionvac'h vivait à peine.

Bientôt se montrèrent les massifs de châtaigniers, le prolongement du Loc'h, les galets du Kerisouet.

A travers les ruines de la chapelle du Pouldu, sur un abrupte rocher, on voyait un ciel rose. Les trèfles, les petites moulures se dessinaient en traits légers sur les couleurs du soleil levant, dont les premiers rayons frappaient l'obélisque d'ardoise et la petite croix d'or qui surmonte le clocher de Guidel.

Toutes les voix de la patrie, de cette chère et inspirante Bretagne, s'élevaient en même temps dans le cœur du pauvre Guionvac'h. C'était une extase, un ravissement. . . . .

La frégate continua de filer par un vent frais.

Sur les montagnes de Saint-Mathieu, les moulins tournaient avec rapidité.... Un bignou se fait entendre au loin; il jouait les airs du pays, le cantique du pardon de Loc-Maria, puis un air chéri de la jeune Marivonic. . . . .

Patrie! patrie! dit Guionvac'h à voix basse......

Il s'approche des haubans et se précipite à la mer... Minn-dù regarde et s'y lance après lui.— Que la brise est fraîche, que les lames sont belles ! comme elles couronnent bien d'écume le tranchant de leur courbure! que la frégate coupe légèrement la lame qu'elle prend en travers! Au milieu des coureaux, voilà l'île de Groix avec son trou d'enfer... N'a-t-on pas crié un homme à la mer? il sera noyé avant qu'on ait détaché la pirogue....... Larguez les écoutes... doublez le Couragan... que la brise est fraiche! Le cap au large... au large! à quoi bon la pirogue à la mer?

Quelques heures après, Guionvac'h était sur la grève du Loc'h, étendu, son chien près de lui. Aux lambeaux des habits du malheureux naufragé, on voyait que son chien l'avait disputé long-temps aux grosses lames des brisans.

Cependant il respirait encore. Une vieille femme sautait auprès de lui et chantait d'une voix démoniaque : —Je te retrouve, fils de Martha... *tu vas encore tourner autour de moi comme une roue autour de son essieu.*

V.

Le Coureau de Groix.

Telle fut la suite des événemens qui avaient jusque-là rempli la vie de Loïsic Guionvac'h. Depuis près de deux ans il avait retrouvé sa patrie; mais condamné comme déserteur, il menait une vie vagabonde pour éviter la peine capitale qui avait été prononcée contre lui.

Cette circonstance déplorable n'avait pas peu contribué à donner à Magdeleine un nouvel ascendant sur sa destinée. Elle le conduisait de caverne en caverne, de ruines en ruines, et restait long-temps auprès de lui.

Nous le dirons avec chagrin : dans ses voyages, Guionvac'h s'était éloigné de la foi de ses pères. Il avait entendu tant de blasphêmes !

On ne le voyait plus dans les chapelles ; ou si après avoir rencontré tout ce qu'il y avait de céleste dans les yeux de la jeune Marivonic, il lui survenait quelqu'envie de chercher la paix dans les saints lieux, Magdeleine lui lançait un sarcasme... Il s'irritait, mais il n'allait pas plus loin. Le temps de la grâce n'était pas encore venu.

Au pied d'une vieille tour du château du Kérisouet, Guionvac'h, appuyé sur son fusil, paraissait encore plus agité que de coutume. Minn-dû redoublait de caresses sans pouvoir fixer l'attention de son maître, qui de la crosse de son arme frappait souvent la terre, tandis que ses longs cheveux noirs flottaient sur le canon. Quelques jeunes tiges de frêne et de sureau enracinées dans les vieilles murailles dont elles fendaient les massifs, s'étendaient au devant de lui en rideaux assez épais pour le cacher à ceux qui le poursuivaient.

Parfois cependant Guionvac'h relevait les yeux pour considérer le spectacle qui se développait devant lui, spectacle bien digne en effet d'arrêter ses regards.

C'était le jour de la bénédiction des coureaux. Les flottilles des paroisses riveraines se rendaient en procession pour prendre part à cette cérémonie solennelle et demander à Notre-Dame de L'armor une pêche abondante, des bancs de sardines profonds et nombreux... Autrement, les pauvres pêcheurs de la côte n'auraient pas de quoi radouber leurs chaloupes si souvent avariées et ne sauraient comment nourrir leurs familles pendant les mois d'hiver.

Chaque année que Dieu donne, les sardines arrivent du Nord par troupes innombrables. Elles parcourent en bon ordre le creux des baies et la longueur des coureaux. Si par un beau soleil de mai l'on regarde dans la transparence de la mer, on les voit rangées en larges couches qui descendent jusqu'au fond. Leurs petites têtes bleues demeurent alignées, pas une ne dépasse l'autre. Lorsque les rames viennent à frapper l'eau, ou que des goélands affamés croisent leur vol au dessus, toute la phalange épouvantée se retourne à l'instant, et toujours en ligne, elle file comme un trait, en lançant des reflets de nacre.

Les Israélites levaient les mains pour demander

la manne du ciel. C'est de l'Océan que Dieu fait sortir la manne pour les Bretons campés le long des côtes dans leurs petites chaumières ; et ce peuple fidèle vient chaque année redemander la même faveur dans l'imposante cérémonie de la bénédiction des coureaux.

La mer était bleue ; à l'horizon l'île de Groix développait sa chaîne de rochers liserés de brisans ; les bastions du Port-Louis semblaient tendus de beaux draps blancs comme pour la Fête-Dieu, ils contrastaient avec le sombre des rochers de Gavre, toujours enveloppés d'une ceinture d'algues marines. Dans le ciel, de longues traînées de gaze blanche jetée sur l'azur, comme un voile sur les yeux d'une madone. Devant le soleil, quelques nuages plus épais s'entr'ouvraient pour laisser échapper, en immense éventail, des rayons qu'on eût dit détachés de l'auréole des saints ; et ces rayons, en divergeant, projetaient au loin des îlots de lumière ; archipel magique et mobile, où se jouaient les rubans argentés que dessinaient les remous des courans contraires.

On remarquait au loin, sur la côte, les portes rouges des presses de sardines et les petits mâts des signaux qui avaient hissé leurs pavillons et arboré leurs pavois.

Viennent en procession les bateaux des paroisses...

Ceux de Riantec sortent du fond de leur baie et semblent d'abord voguer au milieu des champs : leurs voiles se promènent parmi les pommiers ; mais bientôt ils pointent le cap sur la batterie du Talut et laissent à bas-bord les rochers du Taureau, avec leur balise renversée.

Ceux de Plœmeur doublent la pointe de l'Armor et saluent en passant la chapelle et la fontaine.

Ceux de Groix, montés sur de grosses chaloupes, font voir, à la vigueur de leurs coups de rames, qu'ils sont les vrais enfans du coureau.

Quelques chasse-marée s'avançaient au milieu. Ils étaient sortis de l'embouchure du Laïta, s'étaient lancés par la barre du Pouldu, et manœuvrant au plus près leur voilure bretonne, ils semblaient marcher contre le vent.

Navires, chaloupes, barques de pêcheurs étaient chargés d'une foule d'hommes, de femmes, d'enfans parés de leurs habits de fête. Mais en tête de chaque file, le bateau des prêtres voguait plus légèrement. En dedans brillaient les chasubles des grandes fêtes ; à l'avant se dressaient la croix et la bannière de chaque paroisse. Toutes les processions fendaient la mer pour se rencontrer au milieu du coureau, vis-à-vis la cale Notre-Dame qui arrive à la mer par une pente douce au milieu de l'île de Groix.

Les bateaux de Guidel, rasant aussi les grèves, passaient en vue du Kérisouet... Guionvac'h distinguait tout, mais son cœur était triste... Lui, pauvre orphelin, il avait aimé sa patrie comme ceux qui ont recueilli au sein de la terre natale les caresses d'un père et le sourire d'une mère...

Là même, dans la profondeur du coureau, il s'était jeté à la mer; il s'était voué à la tempête et à la proscription pour avoir encore quelques jours à passer dans les landes et dans les bruyères et quelques nuits à dormir dans les cavernes et dans les ruines... Il avait aimé à ce point sa pauvre patrie, et pourtant, les fêtes de sa patrie, il ne pouvait les voir que de loin, à la dérobée et comme enseveli d'avance dans quelque tombeau solitaire. C'était là que les cris de joie venaient le trouver.

Depuis l'aventure de la fraude, la force publique, humiliée dans la personne de Kerias, avait redoublé l'activité de ses recherches. On dressait de longues embuscades avec toute la patience qu'inspirait l'avidité de la vengeance; mais ce n'était pas sans précaution. Guionvac'h avait son fusil, et l'on savait qu'à tous les ténereac'h (22) il n'était pas dans l'habitude d'égarer son plomb ni ses balles.

Bientôt la chaloupe de la Sauderaie rasa aussi la pointe du Couragan. L'anxiété de Guionvac'h fut au comble.

Trévihan tenait le gouvernail, et sa grotesque figure contrastait avec celle de Marivonic, qui parée de son tablier rouge, de sa coiffe à double volans festonnés, n'avait pas oublié son collier de velours et la petite croix d'or qu'avait portée sa mère. Ce rapprochement de formes si diverses re présentait assez bien les scènes maritimes figurées sur les vitraux de certaines églises, où l'on voit dans une petite nacelle, le tentateur penché sur une prédestinée qu'il essaie de pervertir, mais la sainte ne pense qu'au ciel.

Les gars de la Sauderaie s'étaient rangés le long des bords et se courbaient vigoureusement sur leurs avirons. Mais les avirons étaient à fleur d'eau; la chaloupe à demi enfoncée, trop chargée pour courir au large. On s'y était jeté avec imprudence pour être près de Guennaü et de Marivonic, et le bon meunier de la Sauderaie n'a vait pas su résister à l'empressement de ses amis. Et puis le temps était si beau, la mer si calme, si bleue ! D'ailleurs comment déplaire à de bonnes gens qui viennent causer tous les soirs auprès de votre porte ?

Guionvac'h, placé à distance, appréciait bien mieux encore la position de la chaloupe. Il en suivait tout le tangage avec l'inquiétude et le trépignement d'un homme de cœur qui voudrait partager les dangers de ses amis.

Les processions arrivent donc vers le centre des coureaux. Les chaloupes d'honneur, celles qui portent les croix, les bannières, le clergé des paroisses, parviennent à se rapprocher. Les croix et les bannières s'inclinent et se saluent, et l'image du Sauveur est mille fois répétée dans la mobilité des flots; les voix graves des marins commencent des cantiques dont les refrains nationaux se redisent depuis les rochers du Couragan jusque par delà les écueils du Taureau.

Alors le plus ancien des curés se lève, étend la main et prie Dieu de bénir les biens de la mer. Tous les autres prêtres font le même geste et répondent à sa prière; les chants redoublent de ferveur, et les cantiques de la Vierge et de madame sainte Anne se mêlent aux offices de l'église.

L'horizon se chargeait de nuages d'un rouge vif et le soleil descendait, balancé dans la main de celui qui se penche sur l'abîme pour écouter les prières des hommes. Les prêtres entonnèrent le chant mélancolique du déclin du jour.

> Labente jam solis rota
> Inclinat in noctem dies,
> Sic vita supremam cito
> Festinat ad metam gradu.

> La roue du soleil se précipite,
> Le jour incline vers la nuit ;
> Ainsi la vie, dans sa marche rapide
> Se hâte d'arriver à sa dernière borne.

Durant le reste du jour, les barques se mêlèrent en courant de petites bordées. Vers le soir la brise du sud-ouest soufflait avec force, comme le rouge des nuées et les couleurs tranchantes et panachées du couchant l'avaient bien fait prévoir. Les flots du coureau commençaient à bondir ; leurs crêtes se couvraient d'écume et cachaient parfois les chaloupes qui montaient, se penchaient, retombaient et carguaient leurs voiles au plus vite. Mais les petites croix restaient dressées au milieu des la mes, signes d'invocation sur les tombes d'un cimetière immense. Au voisinage des écueils les vagues écumeuses battaient et s'élevaient toutes blanches ; on aurait dit de grands linceuls qui se déploient et qui retombent.

Le gros temps dispersa les chaloupes comme une bande de bécassines de mer. Pour la plupart l'habileté des matelots ne laissait pas d'inquiétude, il n'en était pas ainsi pour celle de la Sauderaie. Nous savons que ses bords étaient à fleur d'eau, les lames sautaient en dedans ; et malgré l'activité des bateliers, qui avec des écuelles et le creux de leurs mains s'efforçaient de vider le fond, l'eau gagnait et le danger devenait pressant. La maladresse de Trévihan n'était pas propre à le dissiper. Au lieu de présenter l'avant aux grosses lames que l'on voyait de loin s'avancer menaçantes, il se laissait prendre en côté, au risque de chavirer brusquement ; alors nageurs ou autres auraient été ensevelis sous la chaloupe.

Les cris d'alarme parvenaient au rivage, mais le rivage était désert.

Guionvac'h n'y tient pas, il s'élance de sa retraite, court à la côte, et se jette à mi-corps à la mer, au milieu des brisans. Que n'aurait-il pas donné pour tenir le gouvernail de cette barque à demi submergée qui portait Marivonic et son vieux père. Il crut voir la pauvre enfant lui tendre les bras; et lui, il était là, sans pouvoir la secourir. Il répondait aux cris, agitait son chapeau et indiquait le point du rivage où il fallait venir échouer. On l'entendit enfin, le cap fut pointé de ce côté. Quelques efforts désespérés firent avancer la barque, mais le danger n'en devint que plus terrible. Les lames grossies soulevaient la chaloupe, pour la laisser retomber à nu sur les rescifs dont les pointes faisaient craquer les membrures, brisaient les bordages... A chaque lame le brisement recommence. La terreur paralyse les bras; les avirons tombent, l'eau reste au fond de la cale.

Un dernier cri se fait entendre. A Notre-Dame de Pitié! — A Notre-Dame de Pitié! répond Guionvac'h d'une voix ferme. Le voilà s'avançant vers le large, rejeté d'un rocher à l'autre et disparaissant par fois au milieu des bouillonnemens et des tourbillons. Son chien nageait encore auprès de lui.

Malgré ces froissemens douloureux, il arrive près de la chaloupe. On le voit; son œil intrépide ranime les plus désespérés. — Rame... rame... crie-t-il, pousse avec la gaffe, amarre à l'avant, jette-moi la corde. — Il la saisit, nage vers le rivage, retrouve pIante, et tire de toutes ses forces.... La gaffe et les avirons poussent à fond. — Enlève le gouvernail, crie de nouveau Guionvac'h.— Trévihan obéit, mais emporté par le poids, il tombe à la mer. — Vite, Minn-dû, à l'eau! — Et le chien de nager.

Guionvac'h fait un dernier effort, un effort désespéré... la barque est échouée... — Vous êtes sauvés!!... — C'est tout ce qu'il put dire; sa voix était presque étouffée. Mais il retrouve bientôt ses forces pour avancer le long du bord, enlever Marivonic et son père et les poser sur le rivage.

Tous les autres courent à terre, et se jettent à genoux; ils lèvent les mains vers la chapelle de Notre-Dame de Pitié.

A peu de distance, Minn-dû renouvelait ses tentatives pour entraîner sur le rivage un paquet bleu qui paraissait inerte et qu'il serrait de toute la force de ses mâchoires. — C'est le corps de Trévihan, dirent les autres, il ne remue pas. — Minn-dû arriva, traînant en effet Trévihan dont la casaque était toute déchirée. On se hâta de secourir le malheureux, on ne savait que penser de son état... Er-Govic le regardait tristement.

— Pauvre Trévihan ! dit-il, peut-être un verre de *guin-ardent* te ferait-il revenir. C'est fini, tu ne piqueras plus de toile. — Mais Trévihan avait alongé les bras, fait quelques grimaces nauséabondes, puis la connaissance lui était revenue. Les derniers mots d'Er-Govic avaient frappé désagréablement son oreille. — Si fait, si fait, mes amis, dit-il, Trévihan piquera encore la toile. Mais s'asseoir au gouvernail et entendre passer la baleine des morts... car je l'ai entendue, je l'ai sentie me mordre. Tenez... — Et il montrait sur la peau noire de son bras, une empreinte bien imprimée des dents de Minn-dù.

—Tais-toi, payen, dit le bonhomme Guennaü. Mets-toi sur tes deux genoux, regarde la chapelle de Notre-Dame de Pitié : sans elle, les poissons t'auraient tiré au fond.

Trévihan se tut et se mit à genoux comme les autres.

Après ce premier élan d'action de grâces envers la sainte patronne, les gens de la Sauderaie se tournèrent vers celui qui avait été pour eux un instrument de bon secours. Ils lui serrèrent la main avec effusion de cœur. Marivonic s'approcha aussi, et prit la main de Guionvac'h. —Loïsic, dit-elle, si ta mère vivait, j'irais la soigner dans son lit quand elle serait malade, comme j'ai fait à la mienne. Car tu viens de sauver mon vieux père. Je n'ai que lui... tu sais bien.... que le bon Dieu te donne ta récompense! — Elle sanglottait en prononçant ce dernier vœu. Puis, elle se baissa, pour passer sa main sur le dos de Minn-dû qui, se tenant tout près d'elle, semblait demander sa part de reconnaissance.

— Ma récompense, dit Guionvac'h avec un accent de douleur, c'est un autre qui l'aura. Pour moi, Marivonic, j'irai chercher ma mère. — Guennaü s'approcha aussi et lui dit : — Loïsic, il y a vingt-trois ans que je te trouvai petit, nu, transi de froid, jeté sur un pailler le soir. Je te portai sur mon foyer, tu mangeas long-temps le pain de la famille. Avec l'aide de Dieu j'ai sauvé tes premiers jours... tu as sauvé mes derniers. — Et tu dois bien savoir aujourd'hui, Guennaü, qu'il vaut mieux laisser mourir de froid sur un pailler l'enfant qui n'a pas connu sa mère, que de le réchauffer au feu de son foyer.... Va ! si Dieu l'avait voulu, j'aurais bien soutenu les jours de ta vieillesse. — Qui pouvait mieux que toi les soutenir, Loïsic?.... mais la sorcière charge ta vie de mauvais sorts.... Depuis que tu as couru le monde, tu ne vas jamais dans les églises.... et les hommes armés te cherchent toujours et viennent le soir jusqu'auprès du moulin de la Sauderaie. — Tiens, dit Guionvac'h, regarde là haut dans le bac du Pouldu, regarde bien, Guennaü, ils sont là avec leurs fusils, ceux qui cherchent le déserteur.... et le déserteur ne veut plus se cacher, bientôt il se laissera prendre. Mais écoute, toi qui m'as réchauffé sur ton foyer, aie pitié de moi une dernière fois. Marivonic est belle.... voici venir le temps des mariages.... attends que le plomb ait frappé la tête de Guionvac'h avant de faire des noces au moulin de la Sauderaie.

Tous gardaient le silence, et Guionvac'h, fixe comme un rocher, voyait tranquillement arriver la patrouille du soir. Les pas des soldats tombaient en mesure sur la grève. — Ils vont le prendre, ils vont le tuer, cria Marivonic.... Miséricorde!... Au nom de Dieu, Guionvac'h, sauve-toi. — Guionvac'h ne semblait plus de ce monde.... Il était tombé dans une de ces rêveries profondes et immobiles. — Marivonic hors d'elle-même se jette à genoux : — Ecoute, écoute, dit-elle d'une voix suppliante... J'en fais vœu à madame sainte Anne... non, il n'y aura jamais de noces à la Sauderaie,... jamais d'autres que celles de Loïsic Guionvac'h ..

La puissance de ces paroles presque sacramentelles dissipa la sombre léthargie de Guionvac'h.

Il leva le bras pour attester le ciel, puis jetant sur Marivonic un de ces regards qui laissent des milliers de souvenirs, il regagna lentement le taillis. Les autres retournèrent à la Sauderaie.

VI.

Kernitrâ.

Sur la lisière de la grève et tout près des broussailles où vient déboucher le souterrain du Kerisouet, se trouve une cabane construite en cailloux blancs recouverts de genêt enfumé. C'est là que viennent se réunir chaque semaine les différentes bandes de mendians quand elles ont fini leur tournée dans les quartiers du canton. Le vieux Pucik, qui lui-même a porté la besace pendant plus de vingt ans, est le maître du logis ou plutôt de la tanière. Parfois le vent en enlève la toiture, ou l'écume de la mer saute jusqu'à la cheminée. Mais il n'y a pas de grands frais de réparation. Pucik monte tranquillement sur son toit, portant quelques nouvelles branches de genêt qu'il charge de gros cailloux.

Pucik spécule sur tous les liards qui entrent dans la poche de toile ou dans la besace de cuir de ses anciens compagnons. Comme il connaît tous les secrets de la profession, tous les recoins du pays, tous les jours de marché, de foire, de pardons, de noces, de services funèbres ; tous les arcanes pour guérir les foulures, les fractures, les entorses, les brûlures, la fièvre tierce et le mauvais vent des sorciers ; comme il sait aussi faire le mal en prononçant des paroles cabalistiques, Pucik est pour les mendians un homme de haute importance.

Il avait profité des avantages de sa position pour établir un cabaret sur la grève du Loc'h et tout près du souterrain du Kerisouet ; il fournissait du cidre aux pêcheurs, aux mendians et aux contrebandiers. Quant au *guin-ardent*, il le recueillait à la côte, le cachait dans le souterrain, et chaque nuit, après avoir bien regardé si les gabelous ne rôdaient pas alentour, il allait en tirer pour la consommation du lendemain. Le secret était bien gardé.

Dans le coin une énorme cheminée avec un cercle en cailloux pour s'asseoir autour du feu ; puis une table chargée de vases et d'écuelles à demi-cassées que le maître va remplir successivement à une barrique de cidre et qu'il rapporte aux buveurs.

On ne voyait pas sur la table de tourte de seigle ni de crêpes de bled noir. Pucik comptait avec raison sur les morceaux que les mendians auraient apportés.

La chaumière était environnée de falaises qui par intervalles faisaient tomber une pluie de sable, et tendaient à l'enterrer ; mais Pucik ne s'en inquiétait guère ; il n'aurait eu qu'à la reconstruire plus loin, quelques jours auraient suffi pour cela. On voit donc que la maison de Kernitrâ — c'est ainsi qu'on l'appelait — ne causait pas de grands embarras au propriétaire.

Sur les dix heures du soir il y avait cette fois grande foule à la maison de Kernitrâ. D'abord deux troupes de mendians qui avaient fini leur tournée de la semaine et qui venaient boire les aumônes et manger le pain du purgatoire. La première s'était donné pour chef Yan-Penforn dont la barbe à pointe grise était hérissée comme une coque de châtaigne et dont la chevelure pliquée depuis bien des années formait un feutre impénétrable et le dispensait de porter de chapeaux. Penforn avait l'avantage d'être propriétaire d'une besace doublée de cuir et d'un gros couteau à pied de corne de cerf, qu'il avait gagné au sort, en tournant la roue de fortune au pardon de saint Guénolé.

La seconde bande s'était confiée à l'expérience de Marie Bernfoën.

La Bernfoën n'était pas encore arrivée au point de se donner une besace doublée de cuir, mais elle avait à ses hanches deux poches en bonne toile à voile, bien cousues, de manière à ne pas laisser échapper les liards qu'elle y mettait. Du reste, elle avait reçu les leçons de Magdeleine; elle chantait les chansons de la folle, et parfois on l'avait prise pour sa maîtresse. La Bernfoën avait les lèvres à demi-brûlées, ce qui tenait à la brièveté de la pipe dont elle se servait habituellement.

Auprès de la cheminée se trouvaient quelques pêcheurs qui devaient prendre mer à minuit. Ils s'occupaient à préparer leur repas. Le vieux Magan dirigeait cette opération. D'abord ils firent bouillir de l'eau de mer dans une grande marmite en fonte ; puis ils y jetèrent des ognons bien épluchés, et par dessus quelques chopines de cidre ; enfin, ils y vidèrent un grand panier de poisson : des rougets, des poules d'eau, des sèches, des cancres, des étoiles de mer, de petits mulots, de petits barres qui frétillaient encore. Tout cela composait ce qu'on appelle une *cotryade*.

Les mendians jetaient un œil d'envie sur ces préparatifs si appétissans.

Pucik.

A toi d'approcher, Marie Bernfoën, ta besace est bourrée de crêpes et de pain de seigle ; mais pour de la monnaie, je n'en vois pas beaucoup ; où donc as-tu voyagé ?

Marie Bernfoen.

La monnaie ! je ne la mets que vis-à-vis une chopine de cidre ou un verre de *guin-ardent ;* et pour aller... je vais où je veux. Quand la pluie me bat la figure, je tourne le dos et je marche devant moi.

Pucik.

Et tu fais bien, Marie ; mais il ne faut pas oublier les bons endroits... Voilà bientôt le pardon de saint Cornely, et pas un de vous n'a de plaie sur les bras ni sur les jambes. Si vous restez comme cela, qui vous donnera la charité? et vous savez bien : pas de liards, pas de cidre.

MARIE BERNFOEN.

Le cidre est le bon ami de Marie Bernfoën, et les chopines font la procession autour d'elle... Tiens, Pucik, il y a bien long-temps que nous traînons nos guenilles ensemble dans tout le pays de Guidel... Je ne veux pas me fâcher avec toi, quoique tu me voles tous mes liards à mesure que je les gagne... tiens, voilà une poignée d'herbe aux gueux, celle-là fera de bonnes plaies. Je l'ai prise dans le jardin d'un des cacous (23) de Lan-Biwé.

PUCIK.

Donne, et que tout le monde se mette à l'ouvrage.

Pucik s'empara de la poignée d'herbe et la partagea de suite à tous les mendians qui s'empressaient de tendre la main. Alors commencèrent les frictions du *louzou* sur les bras, sur les jambes, sur le front, sur les épaules, et une hideuse végétation de pustules ne tarda pas à s'élever de tous ces côtés.

Pucik.

Chacun de ces boutons vaut bien un écu. Actuellement, vieux Magan, tu partageras bien avec nous ta chaudière de cotryade... Tu auras en échange quatre verres de *guin-ardent*, que j'ai enlevés à la barbe de Kerias... Cela te donnera du cœur, vieux pilote, et tu ne jetteras plus les chasse-marée sur le sable, comme tu l'as fait ces jours derniers.

Magan.

Est-ce ma faute, si les chasse-marée ont le *reuz*, et si les bancs de sable changent tous les matins?

Cependant le vieux Magan transporte sur la table sa grande chaudière de fonte. Chaque pêcheur et chaque mendiant y plonge la main, pour en retirer un poisson bouilli qu'il met sur un morceau de pain noir *bara-du*.

La vapeur de la cotryade, la fumée du tabac, les nuages noirs qui s'échappaient de la cheminée, formaient un fond tout à fait digne de ces figures d'hommes aux sourcils croisés, aux barbes grises et buissonneuses, et de ces têtes de femmes à la peau momifiée, ensevelies dans des capuchons bruns tombant en lambeaux.

Toutes les besaces, toutes les poches de toile ou de cuir, étaient jetées à terre et servaient de lit à quelques malheureux petits enfans dont les vagissemens ne tardèrent pas à se mêler aux vociférations du reste de la troupe.

Car le cidre commençait à produire son effet : des chants lourds et discordans tombaient de tous côtés au milieu des juremens et des malédictions. Chacun hurlait à sa manière, sans prêter la moindre attention à ce que criait le voisin. Les morceaux de verres, d'écuelles, de chopines, roulaient sur la table, se choquaient, sonnaient, se remplissaient, se cassaient, se vidaient. Il se trouvait assez de liards dans les sacs pour payer tout cela. Aussi Pucik, que ses consorts appelaient le seigneur de Kernitrâ (24), ne cessait-il d'aller de la table à la tonne.

Les voix commençaient pourtant à s'affaiblir; il ne restait plus que celle de Penforn qui articulât quelques sons intelligibles. Il chantait, en traînant, les aventures de Jacquette er Gallaü.

Chanson de Jacquette Er-Gallaü.

Dans le moulin de l'abbaye se trouvent trois jeunes filles qui portent des souliers de cuir jaune avec des boucles d'argent.

Qui portent des souliers de cuir jaune avec des boucles d'argent. Et tous les jeunes gens de dire : voilà des filles bien riches !

Un jour Jacquette er Gallaü dit à son père et à sa mère : si vous ne voulez pas me marier, moi j'irai me promener.

Si vous ne voulez pas me marier j'en ferai à ma fantaisie; je chausserai mes souliers jaunes et je courrai les cabarets.

Quand une poire devient jaune il faut bien qu'on la prenne à l'arbre. Pour moi mon cœur fait *tic tac tic tac* parce que vous ne me mariez pas.

. . . .

C'est très bien, Jacquette; mets tes souliers jaunes et viens courir dans les cabarets : il n'y a pas de lieu dans tout le pays où l'on trouve plus de plaisir (25).

———

Assez ! assez comme cela! cria Pucik d'une voix à étouffer les hurlemens de la plus furieuse orgie. Il ne reste plus rien ; on a mangé la quête de la semaine. Tirez Marie Bernfoën qui est tombée sous la table, et qui s'est endormie, le cou appuyé sur un fagot de landes... Vous autres, pensez à courir dans les chemins, lundi à Riantec, mardi à Ardven, dimanche au pardon de Redené. C'est là, Yan-Penforn, qu'il faut te faire donner de bons liards pour relever les côtes, guérir les brûlures... Je t'ai montré tout cela; mais, tu le sais bien, c'est à condition que, si tu meurs, tu me fasses héritier de ta besace de cuir et de ton couteau à pied de corne de cerf.

PENFORN.

Tu trouveras tout cela dans la litière de quelqu'étable. Mais écoute si j'ai oublié à relever les côtes. Pour cela, je frotte le poignet avec de l'huile, et je fais la prière à sainte Elisabeth.

M'hou ped vam St. Yahan
De laquat lingien, costen
Hac calon de lec'h,
Iac'h al er quétan guec'h.

« — O mère de St. Jean, je vous prie, remettez les os, les côtes et le cœur dans les places où ils étaient autrefois. » —

Mais toi, Pucik, tu ne m'as jamais appris à guérir les brûlures.

PUCIK.

Je vais te l'apprendre. Tu feras d'abord la prière à saint Laurent :

San laurann e dann ac e zestann
Ac e vabic vihan
En entru Doué e zistanas,
Ouec'h éral ehué
Guant ur bodic loré.

« — Saint Laurent, qui brûles et débrûles, et toi, enfant que Dieu débrûla autrefois avec une feuille de laurier, je vous invoque aujourd'hui. » —

Tu te tourneras du côté de la mer pour dire tout

cela. Après, tu souffleras trois fois en croix sur la brûlure.

Maintenant, mes enfans, secouez vos guenilles, et puis écoutez les conseils du vieux Pucik. J'ai couru trente ans les paroisses, me cachant dans tous les trous, couchant dans les écuries avec les chevaux et les vaches, dans les greniers avec les rats et les belettes, et bien souvent dans le trou du chien. C'est à moi de vous apprendre à demander la charité... Oui, c'est à moi : tu as beau te tordre les bras, Marie Bernfoën, et t'essuyer la figure avec ta poignée de cheveux gris, oui, c'est à moi... Ecoutez : Quand vous avez dit à la porte un *pater*, un *ave*, un *de profundis*, et poussé quelques gémissemens, si l'on ne vous répond rien, il faut grogner entre vos dents, regarder le toit et le pailler, et vous en aller tout doucement en disant : — Le feu prend bien à la paille... Il y a de belles flammes par un temps sec. — Alors on vous rappelle, et c'est comme cela qu'on gagne sa vie ; mais ceux qui ne savent que dire le *benedicite*, et qui veulent qu'on les appelle de bons pauvres, ceux-là n'ont jamais de quoi venir se réjouir à Kernitrâ.

Marie Bernfoen.

Tu veux remontrer à ton maître. Et ne faut-il pas quelquefois regarder les petits enfans et dire : comme il viendrait bien chercher son pain... *glasq hi boët*. Tout de suite la mère vous donne quelque chose... et puis le *reuz*, le reuz! c'est avec Magdeleine qu'il faut apprendre à le donner..... C'est avec elle qu'il faut aller la nuit dans le cimetière gratter les os des morts.

Pucik.

Mais qu'a-t-elle donc aujourd'hui, Magdeleine.. écoutez comme elle crie auprès du Couragan; on dirait une compagnie de corneilles.

Marie Bernfoen.

Chut! prenez garde à vos paroles... L'épervier ne crie-t-il pas quand on lui arrache un moineau à demi plumé. Voilà plusieurs jours qu'elle cherche Guionvac'h depuis le trou du Kerisouet jusqu'au taillis de Beg-en-Ainès.....

Pucik.

Personne n'échappera jamais à Magdeleine, et quand elle parle de Guionvac'h elle crie toujours qu'il tourne autour d'elle comme une roue autour de son essieu. Et puis comme elle rit aux éclats quand elle dit au vieux Guennaü : arrose, arrose ton moulin; il veut tourner avec du sang....

MARIE BERNFOEN.

Place! place!... Chut!... Rangez-vous, laissez le foyer; la voici, Magdeleine !

On se rangea pour faire passage à la reine des mendians qui ne tarda pas à paraître. Contre sa coutume elle ne dansa pas en entrant. Elle gardait le silence, mais un silence plus sinistre que ses cris. Elle fut s'asseoir au fond de la cheminée; là elle paraissait en relief sur l'âtre noirci ; son œil brillait comme un feu de souffre à travers d'obscurs tourbillons de fumée dont les ondes semblaient faire flotter cette tête hideuse.

La folle s'arracha une poignée de cheveux qu'elle tordait comme des couleuvres, puis elle se mit à les brûler.

Tous les mendians faisaient cercle sans oser lui parler, tant ses derniers mouvemens avaient jeté de terreur... Enfin Pucik hasarda quelques mots en balbutiant... — Magdeleine, tu es notre maîtresse, tu es la dame de Kernitrâ. Ne te mets pas en colère, nous sommes ta famille... Ne gratte pas comme cela la cheminée avec tes ongles... Tiens, voilà nos besaces, voilà Penforn, voilà

Marie Bernfoën... Voilà du cidre et du *guin-ardent*... Voilà... — Magdeleine se mit à éclater d'un rire ou plutôt d'un glapissement inextinguible. Puis elle dit ces paroles à dents serrées. — Voilà bien trois jours que je le cherche, le bel enfant de Martha... Qui donc lui a fait son lit pendant ces trois jours ?... Les Touriganès lui ont-elles fait boire encore du lait tout noir ?... Comme cela rend gai, le lait d'une Touriganès... Comme il est heureux le bel enfant de Martha !...

Laisse là Guionvac'h le déserteur, dit Penforn ; on ne sait où il s'est caché depuis qu'il a tiré sur le sable la chaloupe de la Sauderaie, le jour où Trévihan fut mordu à l'épaule par la baleine des morts. Laisse là Guionvac'h, et saute avec nous, avec tes enfans... Fais sonner tes sabots... je leur mettrai demain un cercle d'osier pour que tu viennes courir avec nous... Tu auras de bons liards dans ton sac avant de revenir casser les écuelles à Kernitrâ... Laisse là Guionvac'h ; un de ces jours les soldats lui feront des trous à la tête. — Tais-toi, maudit, cria Magdeleine, cela finirait trop tôt... Tu veux m'arracher l'enfant qui me fait rire, le fils de Martha !... — Et elle riait comme tout à l'heure. Personne n'osa plus rien dire...

On entendit gratter à la porte, Magdeleine tressaillit ; on ouvrit ; Minn-dû entra. Guionvac'h le suivait, et tout d'abord il s'approcha du foyer pour sécher ses habits. Mais il se jeta en arrière dès qu'il aperçut l'horrible figure de Magdeleine.

La folle se prit à rire, puis elle dit : — Viens, viens, Loïsic... Depuis que je ne te vois plus, j'ai oublié mes plus belles chansons... C'est pour toi que je chante... Viens, viens... J'apprendrai mes chansons à Marivonic. Et elle se mit à chanter. — Arrose, arrose ton moulin, Guennaü, il veut tourner avec du sang. — Damnée folle d'enfer, cria Guionvac'h assez de mal, assez de mal ! ne vas plus sur mon chemin, si tu ne veux pas que je te brise... Malheur à toi ! je ne te crains plus...

Guionvac'h allait sortir après avoir enfin secoué le joug de son mauvais génie. Mais Magdeleine s'élance à travers les flammes du foyer. Elle se jette et s'accroche à lui, comme autrefois l'enfant d'une Touriganès s'accrocha au sein de Martha.....

Ah ! tu veux m'échapper aussi, s'écria-t-elle... Va ! je t'ai tenu long-temps, je te tiens encore dans cette main décharnée... C'est moi qui t'ai arraché de ton berceau pour te jeter sur la poitrine d'une Touriganès... C'était plaisir de te voir presser avec tes petites mains blanches la mamelle plus noire que Satan, et sucer un jus de vipère qui t'a rendu l'âme triste... Je t'ai jeté sur un pailler pour que tu sois un enfant de pitié. C'est moi qui ai enfoncé les griffes d'un monstre dans la mamelle de ta mère, de Martha... de Martha pour laquelle ton père, oui, René Guionvac'h, ton père, m'a abandonnée... Alors je ne criais pas la nuit, on ne m'appelait pas la folle... je ne couchais pas sur le sable, les enfans ne couraient pas après moi... Magdeleine était belle aussi... On a dit aussi la belle Magdeleine... René m'a laissée pour Martha... Martha est morte... René est mort... Et toi, j'ai crié auprès de ton berceau pour troubler les petites joies de ton enfance... J'ai soufflé sur ta jeunesse... je t'ai dit à l'oreille des paroles qui meurtrissent le cœur... En te les disant j'ai dansé... tu te le rappelles... Tu me verras encore, fils de Martha, tu recevras les adieux de Magdeleine la folle !

Guionvac'h parvient enfin à se dégager des replis de la folle... Il s'échappe. Magdeleine lui fait encore quelques gestes menaçans... puis elle rentre et se mêle à l'orgie.

Guionvac'h resta d'abord immobile et plongé

dans la stupeur. Le voile se déchirait. Il voyait à nu cette main de plomb qui pesait sur sa tête depuis les jours de son enfance. Une femme, une possédée avait tout sacrifié à la plus terrible de toutes les vengeances. Elle y avait dévoué son corps et son âme. Elle avait évoqué tout ce qu'elle connaissait de puissances malfaisantes. Elle avait profité des prestiges d'une imagination que des malheurs commencés au berceau, et retentissans dans toutes les heures de la vie, avaient rendue triste et superstitieuse, pour environner sa victime d'un cortège ténébreux, mystérieux, diabolique ; pour attiser autour d'elle toutes les tortures de l'âme ; pour faire à un malheureux désespérer de lui-même... Cette femme, cette possédée avait enfin accompli l'œuvre de vingt ans, le malheur de Guionvac'h était au comble.

Plus rien au monde ! — Sa famille, qu'il n'avait pas connue, avait été écrasée sous la même destinée... Il venait enfin de le savoir, il n'en restait plus de traces.

Plus rien... Il ne pouvait penser à Marivonic, au vieux Guennaü, lui diffamé, poursuivi, flétri... Lui dévoué à toutes les vengeances... même à celle de la force publique !

Plus rien... Il marchait précipitamment sur le sable vers les rochers du Couragan.

Plus rien... il ne pouvait prier, son âme n'avait plus de rosée. —

Le ciel semblait descendu dans la mer. Elle était polie et toute bleue... Les étoiles s'y balançaient doucement, et les rayons de la lune plongeant jusqu'au fond, traçaient de longues allées de colonnes, enveloppées de reflets doux et paisibles. On eût dit une immense mosquée de lumière bâtie dans les profondeurs de l'océan.

Ce sourire d'une nature si calme, si mélancolique, parut à Guionvac'h la plus amère de toutes les ironies...

« Plus rien, dit-il, rien que l'enfer en ce monde... Autant le chercher dans l'autre ! »

La voix de Magdeleine dominait les cris de l'orgie dans la maison de Kernitrâ. . . . .
. . . .

— Encore cette voix !! . . . .

Guionvac'h marchait; il s'arrêta un instant pour regarder un rocher hérissé de pointes aiguës assez avancées dans les brisans.

« Celui-là brisera bien le crâne, dit-il... Le lit de repos est au-dessous sans tréteaux ni cierges... Personne ne viendra pleurer là... Marivonic!...

On la consolera... Allons, adieu à ceux qui auront une larme, s'il y en a une dans le monde pour le fils de Martha...»

Il courait à la mer pour se briser la tête contre la roche noire.

Tout-à-coup il se sent retenu avec force... Il se retourne. — Ah ! tu es là, pauvre Minn-dû !— C'était Minn-dû qui l'arrêtait par l'habit.

Guionvac'h pleura... Il y avait bien long-temps qu'il n'avait pleuré. — Tu m'aimes encore ! dit-il, en se laissant tomber sur le sable.

Minn-dû se coucha près de lui et se mit à le caresser.

VII.

Une Mère.

Après quelques heures d'anéantissement, Guionvac'h s'était relevé. Malgré la confusion de ses pensées qui lui retraçaient en même temps ses voyages, son enfance, son abandon, quelques joies et beaucoup de douleurs, je ne sais quelle impulsion secrète, quel instinct puissant le dirigeait vers la chapelle de Notre-Dame de Pitié.

Il marchait, puis comme il arrive après une crise

violente, après le choc d'un grand malheur, il cherchait à sonder toutes les profondeurs de ses souvenirs, à évoquer les plus lointains.

Les peines de la vie actuelle ont pour effet de rejeter notre âme dans le passé ou de la lancer dans l'avenir... L'avenir... Guionvach n'y voyait qu'un abîme... Le passé! il cherchait!... jamais il n'avait eu ni frères ni sœurs. Mais sa mère, mais Martha, il avait dû être bercé sur ses genoux, pressé, réchauffé contre sa poitrine aux premiers jours de son enfance. Il avait dû sentir le souffle de sa bouche. Martha s'était quelquefois penchée sur son berceau pour fixer sur lui des yeux pleins de l'amour le plus pur... Ah! s'il avait pu retrouver dans son cœur la plus faible trace du regard de Martha!... Il cherchait... L'homme qui ne se rappelle pas le regard de sa mère manque d'une partie de lui-même.

Guionvac'h ne souffrait plus autant du calme qui l'environnait... Il pouvait considérer la terre et le ciel... Partout il cherchait un regard de Martha.

Il approchait de la chapelle et parcourait lentement les sentiers tournans creusés au milieu des rochers et pavés de petits cailloux plus variés qu'une mosaïque et tout humides encore de la dernière marée montante.

La chapelle de Notre-Dame de Pitié est cachée au fond d'un vallon frais, au milieu d'un bois de hêtres et de peupliers, dans un labyrinthe de haies vives dont les noisetiers, les frênes, les saules pleureurs se penchent vers un ruisseau bien pur. Ces eaux filtrées, à travers des veines de granit, parcourent une longue suite de prairies vaporeuses et vont se perdre dans la grève avec un murmure plus doux que la prière d'une vierge.

Quelques collines environnantes envoient vers le soir avec la brise de terre, le parfum des bouquets de landes, comme un encens digne de ce lieu de paix, de solitude et de consolation.

Une petite tourelle dentelée, percée à jour comme une feuille au déclin de l'automne, élève sa flèche digne du carquois de St. Michel. Elle semble sortir d'un hêtre antique, dont le feuillage la caresse comme un père sa plus jeune fille.

Autour, des arceaux et des bas-côtés aériens, si légers, si gracieux, que les chérubins se plairaient à voltiger à travers leurs mailles pour faire leur sainte procession et chanter leur *hosanna* au milieu des airs.

Derrière l'ogive de la maîtresse vitre se trouvent les restes d'un cimetière qui servait encore il y a quelques années aux familles de Kerwigott, de Beg-en-Ainès et de la Sauderaie. Aujourd'hui l'on n'y voit plus que quelques tombes recouvertes d'un gazon fin; et les rayons de la lune qui ont traversé les dentelures de la flèche viennent se reposer sur une croix qui s'élève au milieu comme un *étendard d'espérance et de miséricorde planté sur la frontière des deux mondes.*

A quelques pas de là, les flots déployaient leurs nappes immenses avec mesure et solennité...

De chaque feuille, au souffle de la brise, semblait sortir une voix pleine de résignation et de mélancolie...

Guionvac'h s'arrêta auprès de la fontaine où se trouve la niche de Notre-Dame, surmontée d'une petite ogive et d'une croix blanche qui sert de signe aux matelots.

Il abandonnait son âme aux impressions mystérieuses qui lui venaient de toutes parts. Chaque frôlement d'une feuille, chaque vibration d'un rayon de lumière, chaque mouvement d'une ombre semi-transparente lui révélait une existence.

Ah ! si les âmes qui viennent passer quelques

heures sur la terre, ou pour expier des fautes, ou pour se répandre encore autour de ceux qu'elles désirent appeler vers elles, cherchent dans toute cette atmosphère qui nous offusque, quelques lieux où prendre du repos ; après le souffle de ceux qu'elles aimèrent, elles doivent choisir sans doute cette lumière d'une nuit étoilée, cette lumière qui vient séjourner dans le jeune feuillage après s'être échappée en ondes vagues et harmonieuses du balancement des flots de l'Océan.

Quelle est la poussière qui n'a pas vécu ? disait un sombre penseur qui savait aussi écouter les paroles de la nuit. — Mais quel est donc, dans l'immensité, le mouvement, le repos, le murmure, le silence qui ne révèle partout le mystère d'une âme qui pénètre la nôtre. Quelle est la poussière qui n'a pas vécu ? ah ! plutôt quel est l'atôme qui n'est pas pénétré de vie et d'immortalité?

La lune tombait derrière la colline, les ombres devenaient plus noires, enveloppaient la terre et montaient vers le ciel ; les vitraux inférieurs semblaient descendre et s'enfoncer par un mouvement lent et sublime, comme un vaisseau qui sombre dans un océan de ténèbres. La petite croix de fer qui surmontait la flèche recevait encore quelques faibles rayons qu'elle réfléchissait sur la cime des peupliers. On entendait dans le cimetière un bruit qui ne semblait pas de ce monde. On aurait dit le dernier soupir d'un petit enfant. Guionvac'h frémit, mais il s'avança.

Autour de la croix étaient des âmes à genoux, serrées dans leurs linceuls blancs. C'étaient des femmes, car leurs cheveux descendaient comme des manteaux. Elles étaient immobiles, profondément inclinées, les mains jointes et tenant encore le chapelet avec une très petite croix de bois, comme sur leurs tréteaux. Elles se taisaient long-temps, puis elles chantaient en chœur... Mais ce n'était ni la musique de la terre, ni les chants du ciel; c'était un long et faible murmure de souffrance qui semblait venir de très loin et traverser tout l'espace qui sépare une vie de l'autre.

Elles disaient :

>   Pédet quérent ha mignonnet,
>   Rac er vugalé ne rand quet.
>   Pédet quérent ha mignonnet,
>   Rac er vugalé zo digas.

Priez, parens, priez, amis, car les enfans ne le font pas; priez, parens, priez, amis, car les enfans sont bien ingrats.

Ah! oui, les enfans sont ingrats, cria Guionvac'h; jamais, non jamais je n'ai prié pour ma mère! Il tombe à genoux et dit un *de profundis* pour Martha. Il y avait long-temps qu'il n'avait pu dire une seule parole à Dieu... mais quand il pria pour sa mère, son âme retrouva de la rosée.

Il était donc à genoux sur une tombe ; il ne savait pas laquelle ; mais tandis qu'il se prosternait en s'appuyant sur le petit bénitier, la terre semblait tressaillir sous lui.

Et les âmes se tenaient au pied de la croix et répétaient toujours :

« Priez, parens, priez, amis ; car les enfans ne le font pas. Priez, parens, priez, amis ; car les enfans sont bien ingrats. »

Ces reproches brisaient le cœur de Guionvac'h, qui ne cessait de dire des *de profundis* pour Martha.

Enfin l'un des fantômes se redresse, relève la tête et s'avance lentement vers lui. Guionvac'h veut fuir, mais il ne peut. Il éprouvait je ne sais quel désir mêlé de terreur. Il n'avait jamais entendu encore les voix qui sortaient alors du fond de son cœur... Il était couvert d'une sueur glacée, et sur le point de défaillir...

Le fantôme écarta sa longue chevelure et fixa

les yeux sur Guionvac'h... Chose étrange ! le fantôme essayait de sourire... mais il ne pouvait, car il avait vu les mystères de l'autre vie.

Qu'il est triste le regard silencieux d'une âme en peine !

Pourtant celui du fantôme qui venait de se dévoiler en écartant sa longue chevelure, Guionvac'h pouvait le supporter sans tomber la face contre terre... Il croyait se rappeler un rêve, et, dans ses yeux lugubres il entrevoyait un rayon d'amour... Ah ! s'écrie-t-il, c'est Martha : dans ce monde comme dans l'autre, il n'y a que Martha qui puisse me regarder ainsi.

Cette sublime et infaillible sympathie qui nous enchaîne à l'âme d'une mère vivante ou morte, il venait de l'éprouver tout entière...

Et l'amour d'une mère avait pu s'exhaler même à travers le linceul d'un fantôme ! . . . .
. . . .

Ma mère ! Martha ! criait Guionvac'h d'une voix étouffée, et il tendait les bras vers elle.

Mais le fantôme développa le bras qu'il tenait caché sous son linceul, et, l'alongeant vers l'église, il montre à travers les vitraux une étole éclairée d'un cierge. C'était l'étole de l'évangélisation. Puis il regarde encore et retourne s'agenouiller au pied de la croix et continuer des chants si faibles qu'aucune voix ne pourrait les redire.

— Je te comprends, Martha, tu seras obéie, dit Guionvac'h.

Mais à peine avait-il achevé de parler, que les âmes avaient disparu ; il ne resta plus que des ténèbres autour de Notre-Dame de Pitié...

VIII.

Évangélisation.

Au village de Kerwigott, à quelques centaines de pas de la chapelle de Notre-Dame-de-Pitié, vivait, retiré dans une maisonnette bien modeste, dom Réguidel, ancien recteur de la paroisse. Pendant près de trente années, il avait connu bien des misères, pleuré sur bien des infortunes, versé bien des consolations, concilié bien des familles. Sa carrière avait commencé par l'apostolat dans les déserts du Nouveau-Monde. Là il avait offert à Dieu les prémices de ses fonctions sacerdotales. Il avait souffert pour la foi et demandé avec ardeur la faveur du martyre. Souvent il avait célébré le sacrifice d'expiation dans les repaires des bêtes féroces, dans le creux des arbres séculaires, ou sur la pirogue des sauvages, au milieu d'une mer agitée, comme la vie du missionnaire. Aimez Dieu... aimez les hommes... Ces mots qu'il n'avait cessé de redire toute sa vie, il les répétait encore à ses anciens paroissiens, qui venaient souvent le visiter à la chaumière de Kerwigott. Ces mots qu'il avait fait retentir sous les voûtes des forêts, sur le bord des grands fleuves, sur le sommet des montagnes, lui sortaient du cœur comme d'un écho de charité.

Ainsi dom Réguidel attendait encore au milieu des bonnes œuvres que sa vie fût pleine de jours.

Quand on le voyait à l'heure du soleil couchant, assis sur la colline qui domine les coureaux, baissant un front pâle et méditatif sur un livre des anciens pères de la primitive Église, ou bien, relevant la tête pour écouter l'hymne que chante toute la création avant le repos du soir; ou bien caressant les cheveux blonds des petits enfans qui se plaisaient à jouer auprès de lui; quand on le voyait regagnant tranquillement sa modeste retraite, non sans dire aux paysans pressés sur son chemin, quelques-unes de ces bonnes paroles qui provoquent un sourire de contentement, on se demandait si ce digne pasteur n'avait pas trouvé le ciel ici bas.

Parfois les pêcheurs qui passaient en mer après avoir doublé la barre du Pouldu, regardaient de loin, et s'ils apercevaient dom Réguidel, cette vue leur semblait un heureux évenement; ils disaient: le bon pasteur est là haut sur la montagne.

Par ses études, ses voyages, ses relations, dom Réguidel avait acquis un savoir et une prudence que sa modestie ne laissait pas d'abord apercevoir. Il disait que la discussion n'a jamais amendé personne. Il n'avait confiance que dans les paroles de charité, et il priait Dieu de faire le reste. Il avait entendu aussi lui en courant par le monde un bruit sourd d'incrédulité et il pensait que la foi pure et vivante qui régnait alors et qui règne encore dans le pays de Bretagne ne pourrait se garantir du souffle desséché du siècle que par le maintien d'un reste de nationalité ; non qu'il hésitât sur l'obéissance aux lois de la mère patrie, mais il aurait voulu conserver dans le caractère de ses compatriotes cette résistance à une assimilation qu'il redoutait.

Pour lui, il cultivait avec amour sa langue natale, et il était parvenu à en faire l'instrument d'une éloquence mâle et pénétrante; il y trouvait une harmonie, une force, une naïveté toute primitive.

Il aimait aussi les jeux des paysans, les luttes, les courses, la soule, la perche, parce que ces jeux développent et fortifient la jeunesse, et que les fêtes publiques par leur originalité même font aimer la patrie, et qu'elles y attachent les hommes par le plaisir qu'elles donnent et l'émulation qu'elles excitent.

Rien ne lui paraissait plus triste que de voir dans quelques paroisses les jeunes gens condamnés par la rigueur des préceptes développés au prône à se tenir les bras croisés et le dos appuyé contre un talus pendant une partie du dimanche. Il faut bien se garder, disait-il, de laisser tomber les hommes dans la morosité; ils sont tout prêts alors à écouter les novateurs qui viennent leur présenter le tableau d'une vie moins triste et moins monotone.

Aussi tous les dimanches après vêpres venait-on danser sous ses yeux, dans son aire à battre. Les bignous y jouaient les airs de la patrie et les vieillards de compagnie avec leur ancien recteur faisaient la partie de boules. Ils s'échauffaient encore à discuter les coups, *me e biaü, ion e biaü*; c'est à moi, c'est à lui.... la chose paraissait douteuse aux plus capables. Alors on détachait les ceintures pour mesurer. — Bien qu'appuyé sur son bâton dom Réguidel descendait tous les matins par l'allée des châtaigniers pour aller dire la messe à Notre-Dame de Pitié. Il avait soin de la dire au point du jour afin que les gens du quartier pussent l'entendre avant les travaux des champs. Après la messe les fidèles l'entouraient, le reconduisaient chez lui, et lui donnaient le bras pour remonter la colline.

Tel était donc l'homme juste appelé dom Réguidel, ancien doyen et recteur de la paroisse de Guidel et desservant sur ses vieux jours la petite chapelle de Notre-Dame de Pitié.

Il avait souvent gémi sur le sort du malheureux Loïsic Guionvac'h, mais il le jugeait avec l'indulgence d'un homme charitable qui sait que les circonstances pèsent sur bien des destinées, et que trop de gens s'attribuent par une vanité coupable le mérite de leur facile vertu. Pour lui il avait reconnu depuis long-temps les grandes qualités et les grandes passions du malheureux orphelin. Il avait prévu les orages de sa vie : aussi avait-il voulu l'y soustraire en le faisant venir près de lui pour lui donner de l'instruction et le préparer aux saints ordres. Mais dès ses premières années Guionvac'h n'avait pas pu se plier à ces habitudes d'une vie tout immobile. Il lui fallait des champs, des collines, des plaines de landes, des rochers et tous les accidens de la mer.

Le bon prêtre vit donc un jour Guionvac'h le déserteur, arriver à sa chaumière de Kerwigott. A cette vue il éprouva une telle émotion qu'il lui fut impossible de se lever de son siége; les jambes lui tremblaient : mais il pleura, puis il lui tendit les bras en disant : Viens vite, enfant prodigue, il y a long-temps que je t'attendais.

Guionvac'h se jeta dans cet asile que lui ouvrait dom Réguidel. Il se sentit revivre aux battemens d'un cœur brûlant d'amour pour les hommes, sa confiance fut entière ; il raconta tout ce qui s'était passé dans son âme et tout ce qu'il avait vu les jours précédens. — Dieu a permis à ta mère de venir te donner un grand avertissement en ce monde. Elle t'a montré l'église que tu avais abandonnée, et l'étole de l'évangélisation sous laquelle tu n'as jamais baissé la tête.... Trouve-toi demain à minuit à la chapelle de Notre-Dame de Pitié. Je rassemblerai toutes mes forces pour me rendre près de toi.

Une coutume profondément religieuse existe

depuis longues années dans le pays de Notre-Dame de Pitié.

Lorsqu'un père ou une mère ont à déplorer la vie déréglée d'un de leurs fils qui fréquente les auberges pour y passer ses journées, qui, le *penac'h* en main, court les foires et les marchés pour trouver l'occasion de se mêler à toutes les querelles ou de les provoquer; qui passe auprès de l'église sans tirer son chapeau ni faire le signe de la croix; qui manque souvent à l'office du dimanche et ne va jamais écouter les avertissemens des prêtres; un fils que l'on trouve souvent jeté tout de son long, la nuit, dans les chemins, hors d'état de se traîner à la maison de son père, ou qui arrive en hurlant de mauvaises chansons, en balbutiant des injures ou des blasphêmes; alors la douleur de la famille est grande, et Dieu seul peut y porter remède.

La mère s'approche de son fils dans un de ces momens où l'âme la plus dégradée fait un retour sur elle-même : elle se met à parler doucement et à l'écart; puis lui mettant une main sur l'épaule, de l'autre elle lui montre l'église en disant : Mon fils, ton père et ta mère n'ont pu te ramener à bien vivre; Dieu seul le pourra... Veux-tu venir avec moi demander l'évangile de la nuit? Personne ne le saura, personne que ta mère.

9

Alors, si le jeune homme se sent porté au bie[n]
il s'attendrit et répond : Oui, ma mère, j'irai.
Le pasteur est prévenu et s'y rend aussi, ma[is]
bien secrètement. . . . .
. . . .

Il était bien près de minuit. Par une nuit ob[s]cure Guionvac'h descendait lentement l'allée [de] châtaigniers pour se rendre à la chapelle. Il av[ait] déposé ses armes : parfois il s'arrêtait et s'appuy[ait] contre les arbres qui bordaient le chemin. Min[i]dû s'agitait et grognait avec inquiétude ; m[ais] Guionvac'h n'y faisait pas attention, bien qu[']eût entendu lui-même quelques chuchotteme[nt] dans le taillis voisin, et que le feuillage eût tre[m]blé plusieurs fois, malgré le calme parfait qui [ré]gnait dans l'air.

Une seule pensée occupait l'orphelin; son â[me] ne sentait plus le même vide, il était arrivé [au] jour de la réconciliation. Il marchait seul, aba[n]donné ; mais les grands événemens des jours p[ré]cédens, l'image d'une mère qui, de l'autre v[ie,] semblait lui tendre une main secourable et di[ssi]per tous les prestiges dont il avait été victim[e,] l'absence de Magdeleine, qui paraissait avoir en[fin] lâché sa proie, et même un souvenir tendre [des] naïves vertus de Marivonic et des promesses qu'[il] avait faites sur le rivage du Couragan, tout cela le faisait respirer plus à l'aise et donnait un peu de baume à son âme. Il arrive près du porche, Minndû s'y arrête... Pour lui il entre dans la chapelle et va s'asseoir sur un petit banc de bois auprès de l'aigle de saint Jean, qui soutient le livre du chœur. Avez-vous quelquefois visité, pendant la nuit, une petite chapelle cachée dans les vallons ou dans les bois ? Vous êtes-vous mis à genoux, pendant quelque temps, seul, sur la pierre auprès de la balustrade, pour attendre la parole de votre cœur ? Dites-moi si cette chaumière de la prière, par le contraste même de sa misère et de son obscurité avec l'éclat et la magnificence de celui qui veut bien y demeurer près de nous, pauvres exilés, ne vous a pas souvent jeté dans un long recueillement, ne vous a pas mouillé la paupière ?

Dites-moi si, tout seul, bien loin de la mauvaise honte qui vous a tant de fois courbé sous la mesquinerie des opinions d'autrui, vous n'avez pas trouvé là des aspirations et des tendances qui dorment habituellement en vous ?

Là tout est symbolique, jusqu'à l'éclat momentané, jusqu'aux mouvemens convulsifs de cette petite lampe qui veille auprès du tabernacle, et

qui, dans sa vive agitation, semble à peine avo[ir]
un moment à vivre, comme l'homme qui se tou[r]ménte un jour et qui n'a pas de lendemain.

Jusqu'aux lourds battemens du balancier [de]
l'horloge, qui, en ébranlant les voûtes, les pou[-]tres, les tribunes, semble démolir un frêle édi[-]fice, comme le temps démolit pièce à pièce l[es]
dépouilles de l'homme pour en jeter les débr[is]
dans l'éternité.

Jusqu'à ces images mouvantes des saints da[ns]
leurs niches, des petites colonnes et du tabernac[le]
lui-même, qui semblent se mêler, se pénétrer, [se]
confondre, comme les pensées de l'homme q[ui]
veut sonder les saints mystères.

Jusqu'à ces ombres fantastiques des deux ang[es]
adorateurs, qui semblent descendre des combl[es]
comme pour annoncer à l'homme la fin d'une v[ie]
qui n'est elle-même qu'une vapeur légère obéi[s]sant au moindre souffle.

Guionvac'h s'abandonnait aux inspirations de [sa]
prière et ne sentait pas le temps s'écouler.

Tout à coup il entend ouvrir la petite porte [de]
la sacristie. Dom Réguidel ne tarda pas à paraît[re]
revêtu d'un surplis et portant l'étole de l'évangé[-]lisation, la même que Guionvac'h avait vue à tr[a]vers les vitraux... Le vieux prêtre marchait bie[n]

éniblement, la route qu'il venait de faire, dans
ne nuit très obscure et par un chemin difficile,
vait presque épuisé ses forces.

Cependant il s'approcha du jeune homme, et
i déroulant le tableau des misères de sa vie pas-
e, il lui demanda s'il était prêt à jurer fidé-
té inviolable à celui qui a souffert de nos souf-
ances et pleuré de nos larmes. — Oui, par
âme de ma mère, dit Guionvac'h avec force. —
iens, dit le pasteur; et il le conduisit dans une
tite chapelle sépulchrale creusée dans le roc.
n levant un linceul blanc, il découvre une grande
age en granit du Christ mort et soutenu sur les
noux de sa mère, Notre-Dame-de-Pitié. — Jure
core, dit-il au jeune homme. — Guionvac'h
end le bras et prononce un nouveau serment.

— A genoux! répond le vieillard,... Pauvre or-
helin! Si ta mère n'avait pas été arrachée de ton
erceau, elle serait ici près de toi. Aujourd'hui
viens seul recevoir la vertu du saint évangile.

Cependant Guionvac'h était hors de lui-même;
œil fixe, il tremblait et souriait en même temps:
uis il s'écrie: — Non, non, je ne suis pas seul...
oyez là. — Et en effet, à ses côtés était encore le
ntôme de Martha, le même qu'il avait vu dans
cimetière au pied de la croix... C'étaient les mê-

mes gestes...C'était le même regard. Elle resta p[rès]
de son fils pendant toute la durée de l'évangélisati[on].

Dom Réguidel aperçut lui-même cette appariti[on,]
il avait connu Martha.—C'est bien elle, dit-il,
incline la tête!—Et il imposa l'étole.—Mainten[ant]
prions ensemble pour le repos de son âme... Ils
mirent à prier.

Le fantôme s'arrêta long-temps à considé[rer]
Guionvac'h. Puis il se retira, mais avec l'expr[es]-
sion de la plus lugubre tristesse.

—Relève-toi, mon fils, dit le vieillard; tu revie[n]-
dras souvent près de moi, nous prierons souv[ent]
pour elle. Te voilà dans la voie du salut... Viens, s[or]-
tons, donne-moi le bras, seul je ne pourrrais [re]-
monter la colline.

Il marchait, courbé de fatigue, s'appuy[ant]
d'un côté sur le bras de Guionvac'h, de l'au[tre]
sur son bâton.

Ils ouvrirent la porte du porche pour s'en all[er.]
Minn-dû était là, tout aussi inquiet, tout au[ssi]
agité qu'auparavant.

A peine avaient-ils fait quelques pas et co[m]-
mençaient-ils à gravir la colline qu'une troupe [de]
soldats embusqués derrière les arbres s'élance[nt]
et saisissent Guionvac'h désarmé, embarrassé p[ar]
les soins mêmes qu'il donnait au vieillard, et [...]

sormais peu disposé à faire une grande résistance.

Minn-dû s'était déjà lancé sur l'un des assaillans; cet assaillant, c'était Kerias lui-même.

Mais Guionvac'h retint son chien et dit aux soldats : — Soyez tranquilles, le déserteur vous laissera faire. — Déserteur et fraudeur, cria Kerias, dans vingt-quatre heures tu ne feras peur à personne. — Soit! répond Guionvac'h, il est temps que cela finisse.

Dom Réguidel, resté d'abord abîmé dans la douleur, ne contint plus son indignation. — Quoi! dit-il, c'est au sortir d'une sainte chapelle où la providence a voulu le consoler, c'est quand il soutient de son bras un vieillard infirme, un prêtre qui depuis cinquante ans vous bénit tous, tant que vous êtes, que vous venez vous cacher de nuit derrière des buissons pour livrer à ses bourreaux le plus malheureux de tous les orphelins! Allez, vous ressemblez aux juifs qui vinrent la nuit mettre la main sur le Seigneur au jardin des oliviers.

Les soldats se laissèrent peu toucher aux paroles du vieillard, et Kerias, animé de ses anciens ressentimens, s'écria : — Pas de grâce aux fraudeurs... Laissez passer la justice du roi....

Le vieux prêtre resta seul, assis sur une pierre et attestant le ciel.

Guionvac'h fut emmené vers le rivage; on l'embarqua sur une péniche pour le conduire à Lorient.

Dès la pointe du jour la péniche cinglait à pleines voiles.

Minn-dû nageait en arrière.

—Toujours ce maudit chien! dit Kerias; et il dirigea vers lui le canon de son fusil.

Guionvac'h, paisible jusques-là, devint furieux. Rien ne l'arrête, il s'élance sur le gabelou : — Misérable, s'écrie-t-il, regarde-moi!... Attends que je sois mort, personne ici ne te sauverait.

Kerias effrayé posa son arme sur un banc.

Et Minn-dû nageait tranquillement à la suite de la péniche.

IX.

La Biche.

—⊷—

Lorsque les gens de Guidel et surtout ceux de la Sauderaie apprirent l'arrestation de Guionvac'h, une vive douleur mêlée de honte et d'indignation éclata de tous côtés. Dom Réguidel avait raconté dans tous ses détails la conversion de l'orphelin et l'apparition miraculeuse qui l'avait précédée. Désormais Guionvac'h était rentré en grâce avec le ciel; le prestige de terreur et de malédiction qui l'avait tenu à l'écart se trouvait dissipé. On ne vit plus que son malheur et des qualités qu'on avait plus d'une fois admirées.

Les gars de la Sauderaie trépignaient de fureur en songeant que le plus brave jeune homme du quartier avait été pris sans défense. Mais que faire pour le secourir? Il était maintenant dans la prison du roi et chargé de grosses chaînes.

Le vieux Guennaü ne pouvait consoler sa fille; il pleurait lui-même avec la pauvre enfant qui se mit à courir toutes les chapelles et qui ne manqua pas de s'aller prosterner dans celle de Notre-Dame de Pitié, auprès du sépulcre taillé dans le roc. Elle prit bien des engagemens, fit bien des vœux et plus tard elle se mit à genoux sur l'herbe qui couvrait la tombe de Martha et celle de sa mère. Mais au milieu de ses prières elle était assaillie d'images funestes qui la faisaient tomber en défaillance ou la jetaient dans le délire. Elle voyait Guionvac'h emporté par un torrent tout ensanglanté, elle entendait le craquement de ses os, et au milieu de tout cela, un cri de Magdeleine la folle.

Cependant le bon prêtre de Kerwigott se hâta de venir à la Sauderaie. Il était monté sur une haquenée noire que l'on conduisait doucement par la bride. Sa tête retombait sur sa poitrine ; une affliction profonde se peignait sur sa vénérable figure, mais elle se mêlait à cette expression de recueillement et de résignation dont sa vie n'avait été qu'un long apprentissage.

Tous les gens du village accoururent autour de lui et attendaient avec respect qu'il voulût bien dire quelques mots. On savait qu'il pensait à Guionvac'h. — Mes enfans, dit-il, on le conduit à Lorient ; vite, c'est à Lorient qu'il faut aller. Venez avec moi.

Allons, s'écrièrent tous les gens de la Sauderaie ; tous, jusqu'à Trévihan...

Ils se mirent dans les sentiers avec le bon pasteur ; chacun redoublait de soins pour lui épargner la fatigue et les secousses. Mais dom Réguidel pressait en disant : — Allons..... L'âge ne me retarde que trop, il n'y a pas une minute à perdre. Plus tard, si Dieu nous aide, nous pourrons nous reposer.

Tous ceux qui rencontraient le vieux curé, s'arrêtaient et se découvraient, le suivaient quelques pas en demandant quelle bonne œuvre il allait faire si loin. Les femmes lui présentaient aussi leurs petits enfans pour qu'il les caressât; mais lui ne voulait pas s'arrêter.

Ils passèrent chapeau bas et le chapelet en main tout le long des murs de la chapelle de la Trinité en Quéwen. Déjà ils voyaient s'élancer aussi svelte qu'un mât de frégate la tour des signaux qui, du port de Lorient, domine jusqu'à la mer sauvage, auprès des rochers de *Belle-Ile*. Aujourd'hui l'on ne voyait plus monter et descendre ses pavois de toutes couleurs. Elle ne renouvelait pas sa parure; pour tout signe au haut de son mât flottait un pavillon noir.

— Soutenez-moi, mes enfans, pressons le pas, voilà le pavillon de deuil... Dès que vous le verrez tomber il ne sera plus temps... Alors Dieu fasse paix à son âme !

Tous les yeux restèrent fixés sur le pavillon.

Bientôt les voyageurs se trouvèrent sous les grands tilleuls plantés devant les remparts. Comme ils passaient le pont-levis, les ouvriers de l'arsenal sortaient à flots pressés, emportant dans leurs filets de corde d'énormes faix de bois blanc. — Dépêchons-nous, disaient quelques-uns, nous viendrons voir fusiller le déserteur. — Bah ! répliquait un autre, nous n'aurons pas le temps... On dit qu'il est bel homme.—As-tu vu son gros chien ?

comme il a couché près de la prison. Comme il hurlait toute la nuit, personne n'a pu dormir. Pourtant on l'a rossé d'importance. Le gouverneur a dit qu'il voulait le garder pour l'attacher dans sa basse-cour.

Les gens de la Sauderaie ne tardèrent pas à passer sur une longue place plantée de deux rangées d'ormeaux. Les soldats et les matelots s'y rassemblaient, les tambours portaient un crêpe noir.

Ils arrivèrent à la maison du gouverneur. On refusa d'abord l'entrée, mais dom Reguidel prit le ton d'un homme qui sait allier à l'humilité la plus profonde, le plus haut sentiment de la dignité de son ministère. Personne n'osa lui résister, il entra et fit entrer ses compagnons.

Le gouverneur était alors M. de Tinténiac, homme de bien, mais très dur pour le service ; le même qui repoussa depuis les Anglais débarqués au Pouldu.

Au nom de Dieu, hâtez-vous, Monsieur le gouverneur, suspendez la mort de l'homme, gardez-vous d'un pareil crime. — Un crime ! répond tranquillement le gouverneur ; Monsieur l'abbé, la loi est faite, il faut qu'elle s'accomplisse, il n'y a pas de crime à cela ; ainsi veuillez bien permettre... —

Permettre de verser le sang d'un malheureux auquel on a tendu des embûches lorsque la providence le conduisait dans une sainte chapelle pour y expier quelques fautes et revenir à Dieu ! lorsqu'il soutenait au milieu de la nuit un vieillard, un infirme, un prêtre qui avait imploré son secours... — Mais enfin, Monsieur l'abbé, il y a ici crime de désertion. — Ah ! Monsieur le gouverneur, vous êtes Breton, dit le bon prêtre, mettez-vous à la place d'un pauvre orphelin qui passe en vue de sa patrie après un premier exil. Et qu'a-t-il fait ? il s'est jeté à la mer, sans espoir de salut ; ... et si son pauvre chien ne s'était pas trouvé là !... Ah ! Monsieur le gouverneur, dit Trévihan tout en larmes, si vous aviez entendu comme lui chanter le coq de la Sauderaie ! . . . .

On commençait à entendre un lugubre roulement de tambour.

Le bonhomme Guennaü ne put résister. — Oui, s'écriait-il, c'est lui qui s'est jeté encore l'autre jour à la mer, au risque d'être coupé en morceaux par les lames qui le battaient contre des rochers plus tranchans que mon couteau... et il nous a sauvés tous tant que nous sommes ; moi, ma fille Marivonic et tous ces gars-là. Demandez-leur... Et chaque fois qu'il y a un homme à sauver, il se jette à la mer; chaque fois que le feu est à quelque maison, c'est lui qui accourt le premier; chaque fois qu'il y a un chien enragé, c'est lui qui le tue.

Tous les paysans répétaient dans la naïveté de leur langage ce que venait de dire le bonhomme Guennaü; puis ils tombèrent à genoux pour demander la grâce du déserteur.

Monsieur de Tinténiac ne put résister : — Eh! bien, mes amis, dit-il, le roi le saura.— Il donna l'ordre d'arrrêter le cortège qui déjà était en mouvement... Guionvac'h fut remis en prison.

Mais l'âme du gouverneur avait été touchée. Il exposa chaleureusement les motifs d'indulgence et de pitié.

Le roi fit grâce.

Ce fut grande joie dans tout le pays, depuis le Laïta jusqu'au Scorff. On ne parlait que du bon Monsieur Réguidel et de Loïsic Guionvac'h. Chacun faisait des vœux pour son bonheur.

Les veillées recommencèrent à la Sauderaie. Le bonhomme Guennaü se livra de tout son cœur aux sentimens qu'il éprouvait naturellement pour l'enfant qu'il avait ramassé transi de froid sur le pailler. Marivonic suivit l'exemple de son père et

le jour des noces fut enfin arrêté au grand contentement de tout le voisinage. . . . . . .
. . . .

Guionvac'h et Marivonic attendaient que le jour fût enfin arrivé. Tous deux causaient un soir auprès de la porte du moulin. Ils riaient en regardant les murs du château, et la petite ogive à travers laquelle Marivonic avait tant de fois porté des crêpes de bled noir.

Cependant la jeune fille devint pensive. — Pourquoi donc, dit-elle, ne voyons-nous plus le pauvre Minn-dû depuis quelques jours? — Je ne sais, répondit Guionvac'h, j'y pensais aussi... Mais voilà quelque chose qui court dans le taillis; écoute, c'est peut-être lui.

En effet, on entendait dans l'intérieur un galop des plus rapides, mais trop léger pour que ce pût être Minn-dû. Le feuillage tremblait, le bruit s'approchait... Les deux amans virent paraître quelque chose de blanc qui passa tout près d'eux et s'éloigna comme un trait. — Sainte Vierge! dit Marivonic, c'est la biche blanche de Sainte-Ninoc'h!

Ils étaient glacés d'épouvante, aucun d'eux n'osait parler. Ils rentrèrent et malgré toutes les gaillardises de Trévihan qui les plaisantait sur leur tristesse, ils ne parvinrent pas à la dissiper.

Mais le lendemain ils reprirent de bonnes espérances, ils oublièrent le cauchemar de la veille, et l'on s'occupa des noces.

X.

Les Noces.

Guionvac'h et le bonhomme Guennaü avaient fait une longue tournée dans les paroisses des environs. Ils appelaient chaleureusement tous leurs amis : — Venez... venez vous réjouir au moulin de Guennaü ; il y aura de belles noces, de bon cidre, un beau rôti... et de bonnes gens pour vous y recevoir, sous la grange s'il fait mauvais, sous les grands marronniers si le soleil est beau. . . . Mathurin viendra sonner de la bombarde. —

Le caractère de Guionvac'h, les vicissitudes de sa destinée avaient excité trop d'intérêt de curiosité pour qu'on ne s'empressât pas d'accourir aux noces de l'orphelin. On y vint de tous côtés et par familles entières avec les enfans et les petits enfans.

Ceux de Cawdan, de Rédéné, de Pont-Scorf, arrivaient sur de bons chevaux qu'ils faisaient galoper autour de l'aire à battre et sauter par dessus quelques monceaux de ruines accumulées dans la cour du château.

Il y avait trois bignous dont les basses cornantes comme de gros tuyaux d'orgue ne pouvaient couvrir les sons aigus, saccadés, vibratiles de la bombarde de Mathurin.

On courait par tous les sentiers au devant des invités, et dès qu'ils étaient sautés de cheval, on les prenait par la main, on entrelaçait quelques tours de danse, puis on les conduisait sous les marronniers, auprès de la cascade et pas bien loin de la petite ogive à laquelle se rattachaient de si doux souvenirs.

Les jeunes filles se rangeaient du côté de Marivonic, les jeunes garçons du côté de Guionvac'h.

Au pied des arbres, il y avait nombre de barriques de cidre cachées sous des tentes et garnies de rameaux de châtaigniers.

Dans le verger on avait creusé d'énormes trous pour y faire bouillir les chaudières. Les flammes du feu de lande montaient, pétillaient de tous côtés. On aurait dit autant de feux de joie.

Déjà l'on enfonçait dans la gueule des fours de gros quartiers de veau, piqués au bout des fourches.

Les rôles étaient bien distribués. Le tailleur *Favennec* et Trévihan le piqueur de toile tenaient en main des branches de genêt fleuri, véritable sceptre des bavalans, des chourics (26) et de toute cette race de marieurs que l'on retrouve partout et qui partout se croit appelée à prévenir la fin du monde.

Trévihan et Favennec avaient ici double emploi et portaient double décoration. Ils étaient cuisiniers et maîtres de cérémonie.

Le tablier blanc et la fourche pavoisée indiquaient la première de ces dignités. Quant à la seconde, elle avait pour insigne un gros paquet de rubans rouges suspendus à l'épaule gauche.

C'étaient ces deux importans personnages qui avaient dressé la table des mariés et celle des mendians. Ces derniers s'empressaient aussi d'arriver ; à leur tête, Pucik, Yan-Penforn et Marie Bernfoën avec leurs besaces et leurs sacs de cuir tout ridés, car ils comptaient s'approvisionner et remporter à Kernitrâ de quoi continuer la fête qu'ils commençaient à la Sauderaie.

L'aveugle Guilaü-Dall était venu aussi, sans autre guide que son chien noir (27).

Même Kérias le gabelou ne fut pas oublié, attendu qu'il n'y a pas de longues rancunes dans ce bon pays. Il ne manqua pas de se rendre à l'invitation ; mais il arriva tout armé, parce qu'en venant, il avait cherché, le long de la côte, des vestiges de contrebandiers ; il comptait bien en faire autant avant de rentrer dans sa cabane du Couragan, vers le milieu de la nuit.

En arrivant, il s'adressa tout de suite au bonhomme Guennaü, comme à celui qui pouvait lui donner le plus de garanties et rassurer sa conscience essentiellement timorée. — Bonhomme, lui dit-il, je viens de bon cœur aux noces de ta fille et de ce diable de déserteur, quoiqu'il m'ait bien un peu gêné dans l'exercice de mes fonctions... Mais s'il y avait dans ces boissons que tu vas donner à tous ces braves gens quelque chose qui n'eût pas payé les droits... tu sens bien... —

Sois tranquille, répondit le bonhomme, il n'y a pas de fraude chez moi. — Sur cette assurance, Kérias vida un grand verre de cidre.

Cependant les jeunes garçons, Er-Govic à leur tête, en sa qualité de garçon d'honneur, s'approchent des jeunes filles qui, parées de leurs coiffes et de leurs corkenn (28) galonnés de velours noir et quelques-uns de cordonnets d'argent, attendaient avec une tranquillité apparente, tout en jetant quelques regards furtifs du côté de leurs voisins. Ceux-ci firent librement leurs choix, chacun offrit à celle qu'il préférait et qui devait danser avec lui un beau ruban pailleté, moiré, festonné, dont elle s'empressa de se faire une ceinture. Puis Mathurin, plein d'enthousiasme, sonna l'air du départ.

Chacun prépara son cheval pour descendre à la chapelle de Notre-Dame-de-Pitié, où dom Réguidel attendait les deux jeunes gens qu'il n'appelait plus que ses enfans.

Mais un acte solennel devait s'accomplir avant tout. Aucun des fiancés n'était assisté de sa mère; toutes deux reposaient dans le trou de terre auprès de Notre-Dame-de-Pitié. Mais il restait là un vieillard, et celui-là avait le droit de bénir avant le départ.

Guennaü, debout sur le seuil de la porte, attendait que Guionvac'h, environné du cortège de ses amis, s'approchât respectueusement de lui pour commencer le chant du jeune homme, et lui-même s'apprêtait à y répondre.

Marivonic s'empressa d'entrer dans la maison, et avec l'expression d'une candeur angélique, elle se plaça derrière son vieux père.

Alors le jeune homme s'approcha et se mit à chanter :

POUR DEMANDER SA FILLE A UN VIEILLARD.

Le Jeune Homme.

Que tout le monde se taise, je veux faire ma volonté. Je m'en fie aux lumières que Dieu m'a données, j'implore son secours.... Avant d'aller plus loin, vous tous écoutez-moi, faisons le signe de la croix.

Au nom du Père éternel notre Maître et notre Roi, au nom de l'Homme-Dieu la seconde personne, au nom de l'Esprit saint qui donne la clarté et qui me fera triompher de mes rivaux.

Allons, nous sommes assemblés, allons demander la femme dans sa maison, saluons le vieillard avec humilité, autrement il nous refuserait.

Salut! maître de cette maison, regarde-moi sur le seuil de ta porte, avec tous ceux qui m'entourent; permets-moi d'entrer chez toi: dehors il n'est pas convenable de parler de mariage.

Le Vieillard.

Je ne suis pas surpris, je vous attendais, on m'avait dit que vous deviez venir. Mes amis, asseyez-vous à ma table, prenons notre repas ensemble, puissions-nous nous entendre tous!

Le Jeune Homme.

Je viens de manger et de boire, j'ai pris ce que je voulais.... Le temps est venu de demander ce que je désire. Aie pitié de moi, mon maître, mon parrain (12); je t'obéirai toujours.

Le Vieillard.

Tu parles sagement, je pense, mais il faut m'expliquer ce que tu désires, afin que je te sois en aide, si j'en ai le pouvoir. Il faut bien que j'entende une partie de tes misères.

Le Jeune Homme.

Vous dites vrai, ô mon parrain, et je dois écouter vos paroles. Eh! bien, je vous prie humblement d'accorder à deux jeunes gens la permission de se marier.

Le Vieillard.

Je leur ai dit de se fiancer, je leur permets de se marier. Je les suivrai partout, jusqu'à la fin du jour, et je ferai les honneurs à ceux qui les accompagnent.

Le Jeune Homme.

Mon chagrin est fini, puisque je viens d'apprendre quel bonheur terminera ma journée. Maintenant, petits et grands, écoutez, prosternez-vous en actions de grâces.

Le Vieillard.

Ah! oui, c'est là ce que nous pouvons faire de plus beau. Demandons à Dieu chance et bonheur pour ceux qui vont se marier... qu'ils soient heureux dans tout ce qu'ils entreprendront.

Le Jeune Homme.

La prière est finie, je demande la bénédiction de son père, *pour elle premièrement*. Nous irons à l'Église avec la joie dans l'âme, et elle sera épousée avec honneur et respect.

Le Vieillard.

Je vous bénis du milieu de mon cœur... que Jésus vous donne en même temps sa bénédiction.

Le Jeune Homme.

Pardon, mes amis, ne nous séparons pas encore, disons un *de profundis* pour les âmes des morts qui pourraient être encore arrêtées dans les douleurs (29).

―――

Au recueillement de la prière succéda un élan de joie. Les fiancés se mirent en mouvement, Guionvac'h à la tête des jeunes garçons, Marivonic avec les jeunes filles. On marchait gravement. Des enfans conduisaient les chevaux par derrière.

Tous descendirent l'allée des châtaigniers; un

contentement plein de douceur et de franchise se peignait sur tous les visages. Kerias détourna la tête et fit une grimace quand on passa près de la place où Guionvac'h avait été arrêté quelques jours auparavant ; mais le temps des récriminations était déjà bien loin. On arriva enfin à la chapelle.

Dom Réguidel avait eu soin de voiler le sépulcre creusé dans le roc et la statue en granit de Notre-Dame de Pitié tenant son fils étendu mort sur ses genoux. Le bon pasteur voulait effacer les souvenirs attachés à ce lieu redoutable.

La cérémonie se continuait et les amis des fiancés ne songeaient qu'à leur bonheur. Pourtant une chose fit trembler Guionvac'h ; l'anneau nuptial se brisa comme il le passait au doigt de sa fiancée. Mais personne ne s'en aperçut auprès d'eux, et Marivonic ne pensait qu'à son bonheur.

Dans un coin de la chapelle, tout près du porche étaient les mendians. Ils causaient presque à haute voix, quoiqu'on leur eût plusieurs fois imposé silence. — Tiens, disait Marie Bernfoën, hâtons-nous de manger aujourd'hui le peu qu'on nous donnera..... Les mauvais morceaux sont pour les pauvres gens, et s'il y a du cidre tourné à l'aigre, c'est dans leur verre qu'on le met... Hâtons-nous, tiens, regarde bien, Pucik, ces fiancés, on ne peut seulement pas allumer leurs cierges..... S'il n'arrive pas quelque malheur aujourd'hui, cela ne se fera pas attendre. A-t-il oublié, le déserteur, qu'on lui a fait boire le lait d'une Touriganès,... du lait tout noir? — Chut! dit Pucik, mangeons, nous ferons bien... Si le vieux Guennaü a des écus, il les a bien volés dans les sacs des pauvres... nous pouvons manger notre bien... après cela, arrive que pourra.

Cependant le voile nuptial s'étendait au dessus de Guionvac'h et de Marivonic, et dom Réguidel leur adressait quelques paroles touchantes.

« Jeune fille, je t'ai vue soigner ta mère sur
» son lit de souffrance; souvent tu es venue toute
» seule ici prier pour elle, mais l'œil de Dieu n'a
» pas cessé de te voir. Tu recevras ta récompense
» dans ce monde ou dans l'autre, car pour ce
» monde Dieu ne dit pas ce qu'il donne. »

« Jeune homme, n'oublie jamais la nuit de
» l'évangélisation, ni ce petit sépulcre taillé dans
» le roc. C'est là que se sont manifestés des
» mystères si précieux pour toi. »

« Mes enfans, priez aussi pour votre vieux pasteur. La mort fera bientôt retomber ces bras qui vont se lever encore une fois pour vous bénir. »

On sort de la chapelle pour s'agenouiller quelque temps auprès des tombeaux.

Bientôt les jeunes gens s'évertuent à dissiper toute idée de tristesse. — Allons, Guionvac'h, à cheval ! enlève ta fiancée. — Aussitôt Guionvac'h saisit Marivonic, saute sur un vigoureux cheval noir qu'il pousse à perdre haleine en le dirigeant à travers le bois avec une dextérité admirable. Chacun se met à sa poursuite, plus d'une chûte arrête les antagonistes. Guionvac'h arrive le premier au moulin de la Sauderaie ; alors commence la fête.

Le cidre coule à flots, toutes les santés se portent à la mariée, les verres à demi pleins sont rassemblés près d'elle. Guillaü-Dall, l'aveugle de Loc-Maria, dit le *Benedicite* : on lui donne la préférence, parce que c'est un bon pauvre.

Les cris, les souhaits, les chants commencent. Bientôt le rôti est porté en grande pompe. En avant, Favennec et Trévihan la fourche en l'air ; à leur suite le bignou et la bombarde jouent lentement une marche processionnelle. Puis de grandes écuelles de beurre frais ornées de branches de saule et de bouquets de fleurs, et moulées par les soins de la bonne sœur Barbann de manière à représenter des animaux de toute espèce ; puis les énormes pièces de rôti portées sur un brancard et surmontées de grosses guirlandes de marguerites, de renoncules des prés, de digitales pourprées et de belles fleurs de lys.

Tout fut à souhait ; le ciel était pur, les ondulations des marronniers faisaient jouer la lumière tout le long de la table.

Bientôt Guionvac'h et Marivonic furent prendre les mendians pour ouvrir la danse ; la fête devint générale ; les évolutions, les circuits, les serpentemens s'entrelacèrent de mille manières.

Guionvac'h ne tarda pas à quitter la danse ; il prit Marivonic par la main, puis il s'éloigna en marchant lentement. Quelques amis l'accompagnaient le long du torrent de la Sauderaie qui plus rapide et plus retentissant que de coutume frappait contre l'écluse du moulin, puis se détournait par un assez long circuit pour tomber en bouillonnant dans son lit ordinaire. — Il est bien profond aujourd'hui le torrent, dit Marivonic ; comme le moulin tournerait bien, si l'écluse était levée ! Mais, ajouta-t-elle en souriant, mon père peut

dormir tranquillement sur les sacs, je sais bien qui soignera désormais le moulin de la Sauderaie.
— Guionvac'h essaya de sourire à sa fiancée, mais il ne put. Chacun se serait étonné de le voir sérieux dans un jour comme celui-là, si l'on n'avait su que parfois il s'abandonnait à ses réflexions et demeurait immobile sans entendre ce qui se passait autour de lui.

Cependant les vieillards attablés sous la grange et sous les châtaigniers, faisaient fête aux derniers pots de cidre ; les petits pâtres, les gens des villages voisins répétaient les cris, et les échos étaient sonores à travers les vapeurs : le soleil venait de se coucher... mais ses derniers rayons contrastant avec le noir des gros rochers du Pouldu, avaient frappé durement les yeux... Pourtant les airs de la patrie se répétaient de colline en colline et les coqs des villages recommençaient leur chant du soir. — Guionvac'h serra la main de sa fiancée. — Marivonic, lui dit-il, j'entendais tout cela quand je me jetai dans le coureau de Groix... Mais je suis au pays,... au pays où mourut ma pauvre mère... Vois le galgal de Kervesten, comme il est noir!... il a l'air d'un *intersigne*...— A cette parole prononcée d'un ton grave et comme sur le bord de l'autre vie, Marivonic se sentit presque défaillir....

La noce était toujours bien joyeuse; le bignou et la bombarde étaient chargés de nouveaux rubans, on y avait entrelacé des branches de buis et du gui de pommier.—Allons, courage ! criaient les jeunes garçons et les jeunes filles, le jour tombe, voilà le plus beau moment... Où donc sont les fiancés ?

Mais sur les collines et dans les villages d'alentour, tout était rentré dans un silence morne... Puis on crut entendre des gémissemens; enfin des cris se prolongèrent; c'étaient des cris d'alarme. Ceux qui les poussaient avaient la voix comme étouffée par la peur... L'épouvante gagne... On écoute...

Le feu serait-il dans quelque ferme? Mais à l'horizon comme à travers les arbres on ne voyait ni flamme ni fumée. Quelque troupe de malfaiteurs était-elle venue tuer les hommes et enlever les bestiaux? Mais on aurait entendu des cris de guerre, et non ces avertissemens lugubres qui semblaient envoyés à travers un porte-voix sépulcral.

Les cris approchaient et l'on distingue enfin :— *diohalet der hi clanhue,* prenez garde au chien malade. — En même temps un énorme chien se précipitait du galgal de Kervesten.

C'est Minn-dû, c'est le bon Minn-dû ! s'écria Marivonic... Le voilà enfin ! Viens donc, pauvre Minn-dû... Elle courait vers lui, mais Guionvac'h, qui avait fixé des yeux perçans sur l'animal, la repoussa rudement et s'avança de quelques pas en disant : — Ma mère, priez pour moi ! (30)

C'était bien Minn-dû, le compagnon de Guionvac'h, celui qui venait poser sa tête sur les genoux de l'exilé malade, celui qui venait s'asseoir auprès du cabestan de la frégate, celui qui se jeta dans le coureau de Groix et qui tira sur le sable son maître à demi-noyé; celui qui l'arrêta quand poussé par un affreux désespoir il allait se briser la tête contre la roche pointue du Couragan, celui qui depuis tant d'années avait été coucher avec lui dans les cavernes, celui qui protégeait son sommeil et qui venait le lécher doucement pour le réveiller... C'était le fidèle Minn-dû... Mais son large front restait abattu, les longues soies de sa queue et de ses oreilles traînaient et se souillaient dans la boue, son œil restait hagard, et son énorme gueule, laissait couler une écume fétide tout le long du chemin...

Mon cœur se brise, cria Guionvac'h en avançant la main... Minn-dû!... Minn-dû!....

L'animal s'arrêta, se coucha sur le flanc, remua la queue en donnant à son maître un de ces regards qui le consolaient quand il était assis sur la frégate, auprès du cabestan, et qu'il avait la maladie du pays. Deux grosses larmes coulèrent des yeux de Guionvac'h... Il resta immobile, regardant son ancien ami.

Cependant les flancs de Minn-dû commencent à battre avec force, ses lèvres deviennent baveuses, son œil sanglant. Ses membres tremblent et se contractent, il bondit, il se mord. Il va s'élancer du côté de Marivonic... tous restent pâles.

Guionvac'h fait le signe de la croix et s'avance en disant : — Il ne tuera que moi. — Il regarde Marivonic... Minn-dû se jette sur lui :... alors commence une lutte à glacer l'âme...

Guionvac'h enlace le chien dans ses bras, le presse violemment contre sa poitrine : l'animal, en poussant des hurlemens douloureux, lui enfonce de profondes morsures dans les bras et dans les épaules, et le couvre de venin. Guionvac'h renouvelle ses terribles étreintes, mais la lutte se prolonge, son sang ruisselle de tous côtés, son visage n'est qu'une plaie. Il commence à pâlir, ses forces vont l'abandonner. Il regarde... Il voit à ses pieds le torrent de la Sauderaie, il s'y précipite en entraînant Minn-dû... Tous deux roulent au milieu de l'eau ensanglantée... Le combat continue plus affreux,... dans leurs efforts ils brisent la petite écluse.

Le torrent prend son cours, le moulin se met à tourner; les deux malheureux, entraînés par le courant, s'avancent à chaque instant vers le précipice.

Le long du galgal noir de Kervesten on voyait quelque chose qui gravissait... Bientôt, sur le sommet, se dressa Magdeleine la folle, qui regardait et qui dansait. . . . .

. . . .

Ils tombent au fond comme une pierre; le moulin tourna toujours et fit craquer leurs os.

Et Magdeleine cria de son rocher : — *Arrose, arrose ton moulin, Guennaü, il veut tourner avec du sang.*

FIN DE GUIONVAC'H.

Études

SUR LA BRETAGNE.

Études

SUR LA BRETAGNE

ÉTUDE PREMIÈRE.

I.

Résignation.

Voilà déjà bien du temps écoulé depuis qu'un petit peuple, jeté à l'ouest de la France, sur une langue de terre qui semble fortuitement unie au continent, repousse avec une constance inébranlable, avec une fermeté séculaire, toutes les attaques dirigées contre son antique et robuste constitution.

Il a bravé l'épée de César, la torche des Saxons, et le triangle de fer de la convention nationale. Il se promène tranquillement comme un ancien et légitime propriétaire au milieu de ses landes aux mille réseaux de sentiers, de ses colonnes granitiques, de ses *doll-mens*, de ses *men-hirs*, de ses *galgals*, de ses *témènes* ; (1) il court à ses fêtes publiques, à ses luttes, à ses pardons ; il se précipite à ses jeux de la *soule*, il prie au bord de ses fontaines, il tourne autour de ses petites chapelles, il foule aux pieds le vaste *Méné-hom* (2) et le dos arrondi des montagnes d'*Aré*, et des montagnes noires, groupées à l'horizon comme un troupeau d'énormes bœufs qui se reposent au pâturage.

Du reste il ne demande rien à ses voisins, rien que la liberté de croire ; mais il se reconnaît le droit de la maintenir envers et contre tous.

Je laisse à d'autres le soin d'énumérer complètement les causes qui, eh dépit de la conquête, retardent la fusion des provinces et des nations ; mais qui ne sait que l'histoire—je veux dire l'histoire qui n'est pas dans les livres—les fabliaux de la veillée, la poésie des souvenirs et des superstitions populaires, de longues habitudes de croyance vivifiées par un idiôme énergique, rapide, original, sont autant de racines profondément implantées dans le sol? Elles y tiennent plus fortement encore, si la terre natale est rude, pauvre, stérile, rocailleuse. Elles peuvent braver alors les efforts de ceux qui veulent aplanir tout d'un coup et avant le temps les inégalités de la civilisation.

Une époque viendra sans doute, et toutes les âmes généreuses l'appellent de leurs vœux, où sans voir disparaître entièrement une variété qui est la vie même de la société, les tribus les plus disparates ne formeront plus qu'une seule famille. L'observation de chaque jour nourrit cette espérance philanthropique. Cependant chaque partie du tout ne s'avance pas avec la même vitesse vers ce grand résultat : les siècles en sont un élément nécessaire, mais les siècles reposent dans la main de la Providence, et pour nous, nous passons bien vite, et nous avons à peine le temps de prévoir et d'espérer.

Si, pour juger un peuple antique qui a longtemps vécu de sa propre vie, il convient de connaître, non pas seulement l'usage qu'il fait des livres, mais le parti qu'il prend dans les grandes questions d'avenir autour desquelles gravite nécessairement l'humanité; non pas seulement le produit qu'il tire annuellement de ses manufactures, mais les bornes qu'il a su poser à ses désirs au profit même de son bonheur ; on conviendra que, jusqu'ici, la Bretagne a été bien superficiellement observée.

De cette constance naturelle et souvent opiniâtre, de cette difficulté de mouvement, de cette lenteur de fusion, résulte un fait plus saisissable chez les Bretons que partout ailleurs. Derrière les croyances les plus épurées, on aperçoit un fond vaporeux et confus, un lointain fantastique de superstitions ; à côté d'une psychologie forte et vraie, quelques pratiques puériles, quelques mythes grotesques : le fantôme à demi-effacé d'un vieux druide portant le gui de chêne et montrant un sanglant *doll-menn*, auprès de la vénérable figure d'un prêtre chrétien appuyé sur la croix et levant les yeux vers le ciel.

Négliger un de ces élémens, c'est donner une synthèse incomplète, et l'on n'en trouve que trop d'exemples parmi ceux qui ont essayé de révéler une terre si pleine d'inspirations et d'harmonie.

Oh ! qu'il vienne au milieu de nos campagnes, l'ami de la vérité, curieux de connaître à leur source les manifestations de la pensée humaine ; qu'il ne dédaigne pas la cabane hospitalière du paysan breton, et qu'assis avec ces bonnes gens sur le billot du noir foyer, autour de la vaste bassine, du feu de lande et du flambeau de résine, il veuille bien se mêler à leur conversation, étudier leur vie intérieure, leurs opinions, leurs croyances, leurs vertus, leurs préjugés ; et, nous osons le lui prédire, il y trouvera le charme que l'on goûte à lire une page de l'histoire des premiers temps. Il reconnaîtra l'alliance temporaire d'une fierté nationale exigeante et indomptable, avec un reste toujours décroissant de déférence pour les anciens maîtres du sol ; il trouvera mille nuances de transition, variables d'une paroisse à l'autre, et qui sans doute animeront plus tard le pinceau d'un grand artiste. Mais qu'il se hâte d'arriver, ce peintre si long-temps attendu ; la scène n'est pas sans éprouver quelques variations.

En attendant, nous essaierons de constater ce qui existe aujourd'hui, de raconter ce qui se passe sous nos yeux ; nos études auront du moins le mérite d'une observation consciencieuse.

Le pays que nous voulons étudier est pauvre, misérable, rude ; mais la poésie de la misère est grande ; l'âme ressent profondément les douleurs qui n'ont rien à espérer que du ciel, et les sentimens natifs deviennent plus pénétrans, dans les âmes fermées à tout le reste, ignorantes, superstitieuses, incultes, mais aimantes et passionnées comme sourdement et sans chercher à le paraître.

Il est un fait dont il faut apprécier avec beaucoup de soin le principe et les résultats, si l'on veut avoir quelque connaissance de la Bretagne : je veux dire le dédain habituel des maux de la vie, et le calme presque absolu à l'heure de la mort. Trop souvent on a confondu avec un fatalisme aveugle et sans mérite cette résignation à la souffrance, et cette absence d'inquiétude sur la portion de notre vie cachée encore dans les nuages de l'avenir. Si l'opinion d'autrui était pour eux de quelque importance, les Bretons seraient en droit de réclamer un jugement plus réfléchi. — Les paysans bretons ne sont pas fatalistes : la résignation est pour eux un acte de foi dans l'avenir, une certitude inébranlable dans la vie future, une vertu pleine de force et d'activité, mais toute concentrée, toute spirituelle, toute méditative.

Non, le paysan breton n'est pas fataliste : il est croyant. Il se résigne, parce qu'il voit loin ; sa fatalité à lui, c'est la providence : il sait de science certaine, et sans argumentation, que cette bonne mère ne veut pas le deshériter de son immortalité ; il le sait, et il se résigne ! L'affreux vautour des sociétés, le doute, ne lui a pas encore enfoncé dans le cœur son inévitable serre ; pour lui, l'édifice des croyances spontanées reste ferme sur ses bases, et s'élève encore bien haut vers le ciel. Cette foi vivante, cette tendance continuelle qui se révèle dans la parole, et mieux encore dans le silence, expliquent le sérieux de son caractère et l'expression souvent mélancolique de sa physionomie.

Combien de fois, sur le soir, me suis-je arrêté pour considérer avec attendrissement quelqu'un de ces vieux chefs de famille à la figure patriarcale! Tandis que ses petits-enfans, faisant rentrer leurs troupeaux à l'étable, s'agitent dans les champs et se répondent au loin par leurs cris, lui, le dos appuyé contre un large pommier, les bras croisés et la tête inclinée sur sa poitrine, s'abandonne paisiblement à ses pensées, contemplant les moissons, le ciel, l'Océan ; puis il regagne lentement le foyer de la famille, non sans jeter quelques regards au soleil couchant, ni sans interrompre sa marche pour écouter avec recueillement l'harmonieux murmure des forêts de sapins mêlé au bruit monotone des flots qui se brisent dans le lointain. Cette habitude calme et méditative, en présence des grandes scènes de la nature, peut-elle se rencontrer chez l'homme à moins qu'il ne soit dominé par une foi vive et par le sentiment de l'infini ?

Curieux de voir si le langage de ces bonnes gens me révélerait quelques-unes des pensées que je leur supposais, il m'est souvent arrivé de lier conversation avec eux, et chaque fois j'ai recueilli de ces paroles vigoureuses, bonnes à conserver, parce qu'elles prouvent que l'âme ne s'épuise pas en stériles hésitations. J'en citerai quelques-unes :

« Voilà une bonne moisson que Dieu envoie aux pauvres et à leurs enfans ! »

« Pour moi, il fera bien de me tirer d'ici, quand je ne serai plus bon à rien. »

« Je finirai ma vie sans avoir quitté ma paroisse. Ceux qui courent en valent-ils mieux ? »

« Que Dieu me donne seulement d'être mis auprès de l'église, dans le trou de terre avec les miens. Je ne lui demande rien autre chose, si ce n'est son saint paradis. »

Telles sont, chez le paysan bas-breton, les sources de cette force morale, presque inépuisable, dont il fait un si constant usage dans le pélerinage qu'on appelle la vie ; de cet attachement au sol qui possède les os de ses pères et le berceau de ses enfans; de cette absence de curiosité, de cette soif du repos dans le sein de ce qui ne change pas. A quoi bon tenter la fortune pour aller finir sur je ne sais quels bords étrangers, et perdre l'espérance d'être couché dans la terre paternelle, dans le trou de terre auprès des siens?

Leurs chants élégiaques, vraiment nationaux, renferment l'expression pittoresque de ce dédain des choses de la vie ; j'en rapporterai seulement deux strophes :

<pre>
Pé da den da soujal em amzer tréménet,
Aa laquat va speret en hini da zonet,
Va c'halon a lar din, mantret gant ar glac'har,
Birviquen va ripos n'em bè var an douar (7).
</pre>

« Quand l'homme vient à songer au temps passé, quand il tend son esprit vers l'avenir, son cœur lui di en l'abreuvant de douleur : jamais tu n'auras de repos en ce monde. »

<pre>
Er licer guen ha pemp planquen,
En torchen plouz didand hou pen,
Ha pemp treutad doar ar hou caign,
Chetu madeu ager bed men.
</pre>

« Un drap blanc, cinq planches, une poignée de paille sous la tête, cinq pieds de terre par-dessus, voilà tous les biens de ce monde. »

Cette admirable résignation, appuyée sur une conviction profonde, soutenue par une vie dure et laborieuse, ne se laisse pas briser au choc d'une douleur subite, ni ruiner à la longueur des souffrances ; mais elle entraîne une conséquence que nous ne pouvons nous dispenser d'avouer : elle ne laisse au paysan breton qu'une pitié médiocre pour les malheurs d'autrui ; non qu'il refuse à ses semblables tous les secours qui sont en son pouvoir, mais il est pour eux ce qu'il est pour lui-même : il ne les plaint guère ; il ne paie à leur douleur qu'un léger tribut de sympathie : s'il aperçoit un être souffrant, il se dit : Dieu l'éprouve ; il arrivera au terme quelques jours avant moi.

Lorsqu'un malade approche de sa dernière heure, les gens de la maison courent prévenir les voisins; ceux-ci se dirigent à la hâte vers la chaumière pour soutenir de leurs prières et de leurs vœux celui qui livre son dernier combat. La tête découverte, le chapelet en main, ils se pressent autour du lit, montent sur les bancs, se poussent avec force pour être plus près du mourant : tous les regards, arrêtés sur lui, semblent lui demander s'il n'entrevoit pas quelques rivages obscurs de la terre hospitalière qui doit bientôt le recevoir. Pour lui, il serre fortement une petite croix de bois; c'est tout ce qui lui reste, c'est tout ce qu'il doit emporter dans sa dernière demeure. Les enfans à travers la foule qui les rejette en arrière, laissent échapper sans ménagement leurs cris et leurs sanglots; de temps à autre, quelques femmes montent sur un coffre, se penchent sur le lit, et crient à l'oreille du moribond :

« Tu n'iras pas loin désormais; recommande ton âme à Dieu. »

Puis, avec une plume, elles passent de l'huile d'olive sur ses lèvres desséchées. Lui, tâchant de vaincre le râle, répond d'une voix défaillante et saccadée : « Je le sais bien : Dieu, ayez pitié de moi! » Tout le lugubre spectacle de ces figures sérieuses groupées autour de son lit, tous ces durs avertissemens mêlés aux cris de sa famille, ne l'empêchent pas de promener des regards pleins de calme sur ce qui l'environne, sans exhaler une plainte, sans accuser la Providence. — Viennent enfin les prières des agonisans.

Une pauvre femme, nommée Anna, subissait cette solennelle et dernière épreuve; les prières étaient commencées; Anna répondait faiblement, mais elle n'avait pas cessé de répondre : cependant sa fin était douloureuse. Un des assistans lui dit: vous ne passez pas, ma pauvre Anna; priez la sainte Vierge qu'elle vous délivre.—Si l'on pouvait allumer un cierge à la sainte Vierge, dit une autre femme, elle serait bientôt trépassée. Alors Anna, débarrassant péniblement ses doigts livides du chapelet qui les serrait, indique le bas d'une armoire, et dit : il y en a un là. On le trouve en effet, on l'allume bien près de la pauvre Anna, qui tourne ses yeux à demi-fermés vers ce flambeau funéraire, et presque aussitôt rend son âme à Dieu.

ÉTUDE DEUXIÈME.

I.

Commémoration.

Dès que l'homme a reconnu par la foi ses immortelles destinées, dès qu'il ne voit dans la mort que le principe d'une nouvelle existence, il est conduit à proclamer des rapports obscurs, mais certains entre la terre où il languit et le séjour où il doit vivre. Il s'avoue à lui-même que l'enveloppe mortelle est une limite à la puissance d'aimer et de connaître; il se regarde comme une intelligence, non pas servie, mais emprisonnée par des organes. Qu'est-ce donc que se dépouiller des sens? C'est finir sa captivité, c'est sortir d'un nuage pour s'élancer à la lumière.

Mais une fois rendu à la plénitude de sa liberté, l'homme brisera-t-il tous les liens de ses affections natives et de ses anciennes sympathies? Prendra-t-il à dédain le théâtre de ses épreuves? Pour lui les qualités de père, d'époux, d'ami, seront-elles désormais sans valeur? Nul ne peut le croire, à moins d'abdiquer en même temps son cœur et sa raison. En acquérant une extension nouvelle, en s'exerçant dans une sphère plus grande, plus élevée, plus rapprochée de Dieu, nos facultés ne peuvent pas perdre ce qu'elles possédaient primitivement, et sans doute nos regards s'abaissent quelquefois jusqu'au séjour de misère où s'agitent pour quelque temps encore nos amis et nos enfans. Cette vérité, nous ne manquons pas de nous l'affirmer à nous-mêmes, chaque fois que nous éprouvons de ces brisures de l'âme, de ces cruelles séparations qui nous arrachent pour un temps les objets de notre amour.

Aussi tous les peuples ont-ils admis, comme un fait avéré, cette communication entre le monde invisible et celui des sens, entre la patrie des corps et celle des esprits. Quelle que soit la variété des formes créées par chaque civilisation, toutes ont reconnu, dès la plus haute antiquité, toutes reconnaissent encore un échange de bons offices entre les morts et les vivans. On peut consulter sur ce point l'opinion de la Grèce, comme celle des autres nations.

Lorsque les corps manquaient de sépulture, les ombres erraient sans repos sur les bords du Styx, et poussaient des cris faibles et presque mourans vers ceux qui se nourrissaient encore de la lumière éthérée. Ulysse rencontre l'ombre d'Elpénor, qui n'a point reçu les honneurs de la sépulture. Je t'implore, s'écrie ce compagnon de ses travaux, au nom de ton père, de ton épouse, de ce jeune Télémaque que tu laissas au berceau; ne m'abandonne pas sans me donner des larmes, sans me rendre les honneurs du tombeau. « Oui, pauvre infortuné, répond le héros, tes vœux seront exaucés. »

Un spectre inconnu vient secouer ses chaînes sur la tête du philosophe Athénodore; celui-ci l'observe froidement, le suit, retrouve ses os, et leur donne les honneurs du bûcher.

Descendue au bord du grand fleuve, une femme indienne y place légèrement une petite coquille, faible nacelle que l'esprit des ancêtres va diriger dans le courant. Si l'esprit l'abandonne, si l'esquif est submergé, pauvre mère!... un de ses fils tombera dans les combats.

Au pied d'un roc sauvage, au bruit des torrens, le barde calédonien évoque sur les collines de Selma les ombres généreuses des enfans de Morven, qui, emportées dans les vapeurs du soir, viennent animer le courage aux accords des harpes guerrières.

Sur ces notions de tous les temps et de tous les peuples, le christianisme a répandu la pureté, la sainteté, qui caractérisent ses doctrines. Le chrétien, qui est encore soldat de l'Eglise militante courbé sous le fardeau de ses misères, lève souvent les yeux vers les saintes montagnes pour demander l'intercession des amis qu'il a perdus, pour solliciter quelques émanations de la lumière vivante qui les inonde de toutes parts; mais, bien qu'exilé ici bas, il posséde à son tour une force qui remue tout le monde invisible; sa prière peut soulever vers le ciel des âmes souffrantes que leurs fautes appesantissent vers la terre: il a reçu enfin le pouvoir de compléter l'expiation par ses propres mérites.

Comment, chez toutes les nations chrétiennes, se formuleront ces communications, ces échanges de secours d'une vie à l'autre? Aucune autorité n'e a fixé les symboles : dès lors l'imagination des peuples les recherchera librement dans la nature qui l'environne, dans les mœurs, dans les détails de la vie commune, dans un mysticisme extatique, indéterminé, presque dégagé de la matière, ou du moins qui n'en conserve que ce qu'il faut pour tomber légèrement sous les sens ; les âmes, dépouillées de leurs corps, s'envelopperont de formes pénétrables ; elles donneront le mouvement à des fantômes.

Dans cet ordre d'idées comme dans tout le reste, la Bretagne est restée elle-même. On peut dire que le paysan breton vit au milieu des trépassés. Il les aperçoit dans le rocher couvert de lichens et jeté dans la vallée comme un grand ossement ; dans la pierre druïdique dressée sur un talus ; dans le tronc d'un vieux chêne qui devient gigantesque à travers le brouillard ; il les entend gémir dans les bois, dans les taillis. Alors il baisse la tête, ralentit sa marche, et dit un *de profundis*. Il les retrouve enfin circulant autour de sa demeure, s'asseyant à son foyer. Qu'il prenne garde à ce qu'il dira : les morts peuvent répondre à la conversation ; un bruit étrange, un mot terrible, releveraient des paroles imprudentes.

Il est dans la nuit des heures mystérieuses où l'esprit des vivans, fatigué de lui-même, essaie de soulever les chaînes qui l'appesantissent, de parcourir l'espace qui *l'engloutit comme un atome;* il appelle de toutes ses forces les révélations d'un autre monde, ne dût-il en apercevoir que quelque vague météore. Ces heures sont favorables aux avertissemens; elles permettent d'entendre les faibles voix qui traversent l'abîme pour demander le secours de la prière. Alors aussi les âmes des trépassés ont recours aux intersignes pour annoncer à leurs amis que le temps est proche, et que, s'ils n'y prennent garde, ils vont être la proie du *lion dévorant*. Rien de plus variable que la forme de ces apparitions : c'est quelquefois une flamme bleue, une aigrette légère qui s'échappe des fentes de la muraille, serpente mollement à travers la chambre, et va s'éteindre sur la tête d'un malade, tandis qu'on veille auprès de son lit, et que, sans précautions bien délicates, on fait tout haut des conjectures sur l'issue de sa maladie. La lumière s'éteint, et la flamme du foyer ondule en reflets rougeâtres sur les murs enfumés de la chaumière. On entend quelqu'un se promener à grands pas dans la chambre, des sabots heurter les meubles. Cependent les portes sont bien fermées, nul n'a pu s'introduire. Le bruit cesse, on respire à peine : un frémissement de l'air, un petit cri près de l'oreille, font savoir que l'apparition n'est pas consommée. En effet, les rideaux s'agitent d'eux-mêmes, et le malade est appelé trois fois par son nom de baptême.

La brouette de la mort, *carriguel an ancou*, a traversé rapidement l'aire à battre ; la roue sifflait comme une vipère ; les cris de la fresaie, les longs hurlemens des chiens, ont salué son sinistre passage. On a vu plus tard un convoi longer des plaines de landes, et s'enfoncer dans le creux des chemins, au-dessus desquels de jeunes pousses de chênes forment une voûte basse et ténébreuse. On a entendu le tintement plaintif des deux clochettes qui précèdent la marche ; la châsse était enveloppée d'un drap blanc, surmontée de deux serviettes pliées en croix, et d'une claie de bois vert chargé de son feuillage. Suivaient les assistans voilés de leurs cheveux. On a reconnu les parens et les amis de celui qui doit mourir ; on a vu ses bœufs et son cheval attelés à la charrette, et son chien qui se traînait dessous. Cependant on rentre à la ferme ; tout se trouve en place ; les amis du malade entourent son lit ; les bœufs reposent à l'étable, et le chien, caché dans sa loge de pierre, veille à la sûreté du logis. On s'empresse d'annoncer au patient que son intersigne est apparu : — Hâte-toi de te repentir, mon pauvre ami ; prends garde au feu de flammes ; les âmes sont venues te chercher : *Dihoël doh en tanflam, mami païr, deid en inean de quehrat.*

Ne croyez pas que la visite des âmes soit toujours désintéressée; elles viennent le plus souvent demander pour elles-mêmes l'aumône de quelques prières. Le soir, elles se réfugient sur les fenêtres de la chaumière; elles s'en emparent; elles attendent comme des mendians, et se plaignent quelquefois à travers les barreaux. Le laboureur sait bien qu'une âme en peine est là qui crie au secours. Il dit en fermant sa demeure: Dieu pardonne à l'âme! *Doué e bardonno d'en inean.*

—Il peut arriver que les morts soient chargés de poursuivre le crime, de rendre la justice de Dieu sur la terre. Un meurtre a souillé le pays; on entend tous les soirs les cris vengeurs de la victime; ce n'est qu'en frissonnant que chacun foule cette terre ensanglantée. Les animaux refusent d'y passer; le cheval s'épouvante; les oreilles dressées, la crinière hérissée, il se cabre, il souffle des naseaux, il se jette en arrière, il n'avancera pas, car il a vu des choses que les yeux de l'homme ne peuvent entrevoir. Une croix expiatoire signale bientôt ce lieu funeste, pour demander des prières aux passans et rétablir la paix dans la paroisse.

Mais le plus habituellement, les âmes du purgatoire, quand elles ont obtenu de Dieu la permission de parcourir le monde, et d'implorer sous une forme fantastique la pitié de leurs frères, ne cherchent pas à nuire aux hommes; elles ne demandent qu'à fixer leur attention, à émouvoir leurs cœurs, à s'appliquer leurs bonnes œuvres. On les entend pousser des cris sur les montagnes et dans les carrefours, et la nuit on les voit, serrées dans leur linceul, se tenir à genoux sur leurs pierres tombales; ou, sans oser lever les yeux, elles viennent entourer la croix, cet étendard d'espérance et de miséricorde, planté sur la frontière des deux mondes.

Les services, les messes, les pélerinages à Sainte-Anne d'Auray ne leur sont pas refusés. D'ailleurs, le cimetière est là pour servir de champ de conférence entre les morts et les vivans. De ce dernier asile est banni le luxe des monumens. Que faut-il, après tout, à une pieuse famille, si ce n'est une place pour se prosterner, une pierre, un petit bénitier avec une croix grossièrement piquée, et puis autour un nom, mais sans éloge? Un éloge sur une tombe: quelle amère dérision! Croirait-on cependant qu'au milieu de cette simplicité antique se trouvent égarées quelques épitaphes demi-bourgeoises, et qu'à travers les ronces qui couvrent certains marbres cassés et abandonnés, on lit:.... Aux mânes.... Toutes les vertus.... Regrets éternels! Et le nom n'y est plus!

Le paysan breton ne promet pas de larmes, il ne promet rien ; mais il prend son fils par la main et le conduit au trou de terre de la famille ; là il lui prête son chapelet, et lui dit : Mon fils, prie pour les âmes.

Avant les offices du dimanche, les paysans, dispersés dans le cimetière, s'agenouillent dans le quartier de leurs morts. Recueillis, immobiles et semblables à ces statues du moyen-âge placées à la tête des tombeaux, ils ne regardent pas la foule qui circule autour d'eux : les émanations de cette terre de repos semblent pénétrer toute leur âme ; et dans le sérieux de leurs prières, ils sont en communication intime avec ceux qui les ont devancés au séjour du bonheur ou de l'expiation.

Quelques-uns des faits que nous avons pu recueillir à l'appui de nos observations, paraissent mériter un intérêt particulier. Les témoins oculaires nous les ont racontés eux-mêmes avec toute l'ingénuité de leur langage et tout le pittoresque d'une imagination originale. Leur accent est si bien celui de la vérité, qu'il est impossible d'élever un doute sur leur conviction personnelle, quelle que soit d'ailleurs la manière dont on essaie de s'en rendre compte. Ils ont vu, ils ont entendu, ils n'omettent pas un détail. Nous ferons connaître quelques-unes de ces manifestations de l'extase populaire.

II.

Marie de Beg-en-Ainès.

Marie, femme d'un pauvre pêcheur du village Beg-en-Ainès, appelait de tous ses vœux la présence et les secours de Simon, son fils aîné, que la conscription maritime avait enlevé à sa famille. Le vieux Magan, son mari, fatigué d'un rude métier, sentait de jour en jour ses forces défaillir. Il ne pouvait plus mettre sa chaloupe à la mer, ni retirer sa ligne dans le bateau, lorsqu'un gros congre, véritable serpent marin, furieux de s'y être laissé prendre, battait l'eau de ses vastes replis, et faisait jaillir au loin l'écume.

Le vieux Magan, découragé, passait une partie du jour assis sur un rocher au bord de la mer. Il contemplait cette immense quantité de petites nacelles aux voiles roses et blanches, qui, penchées sur le flanc et mollement balancées par les lames, semblaient raser l'eau comme des hirondelles. Il voyait de temps à autre tirer du fond de la mer des filets chargés de sardines brillantes au soleil comme de petites lames d'argent, tandis que les goélands, les mouettes et les cormorans, déployant de longues ailes au-dessus des bateaux, planaient, tournoyaient, plongeaient, et souvent enlevaient aux pêcheurs une partie de leur butin. Quand la flotille était rentrée dans l'anse de Porsab, pour y déposer le poisson, Magan essayait encore de rendre quelques services. Il gravissait péniblement la falaise, en portant les filets sur son épaule, puis il les développait et les séchait au soleil.

— Où es-tu, mon fils Simon, s'écriait parfois le vieillard ? je n'ai plus de forces. Faudra-t-il toujours vivre de la pêche des autres, et ne plus mettre la chaloupe à la mer ?

—Ne parle pas de Simon, lui dit un jour Marie; les esprits me tourmentent; je ne puis reposer, j'entends clouer des châsses, et la nuit dernière, la cloche de Notre-Dame-de-Pitié a sonné seule. — Étaient-ce des glas, reprit Magan ? La pauvre mère détourna la tête, et ne répondit pas. — Oh ! reprit le vieillard, c'est donc pour cela que la nuit dernière, à la pêche au flambeau, la baleine des morts a rasé les chaloupes : elle soufflait comme un troupeau de marsouins; la montagne d'eau a traversé en tourbillonnant.... Pour le gros poisson, personne ne l'a vu, il passe plus vite que l'ouragan; mais Simon nage bien, celui-là ne mourra pas dans l'eau. Combien de fois l'avons-nous trouvé seul au large, jouant avec l'écume des flots ! Oh ! Simon nage bien : que Dieu le conserve ! La cloche de Notre-Dame-de-Pitié sonna trois coups; Magan frémit : mais c'était *l'Angelus* du soir.

Cependant Marie promet une neuvaine à Notre-Dame-de-Pitié. Tous les soirs, après avoir soigné sa famille et son vieil époux, elle prend son capuchon de serge brune, et, sans rien dire de son projet, elle descend les sentiers creusés dans les rochers, se dirige silencieuse le long de la grève, puis enfin s'enfonce dans le vallon qui cache au milieu du feuillage la chapelle de Notre-Dame-de-Pitié. A cette heure les portes sont fermées. Marie s'assied au pied d'un hêtre antique, aussi âgé que la chapelle, vers laquelle il se penche comme par une secrète sympathie. Dans les chaleurs de l'été, il offre un vaste ombrage à la troupe des matelots qui viennent en pélerinage auprès de leur bonne patronne. Ils lui portent en *ex-voto* de petits vaisseaux pavoisés qu'ils ont soin de suspendre à la voûte.

A peine revenue de sa première fatigue, Marie fait trois fois le tour de la chapelle; elle s'agenouille ensuite au bord de la fontaine, et après avoir dit cinq *Pater* et cinq *Ave*, elle descend les marches pour y jeter une pièce de monnaie.

La neuvaine durait encore : un soir Marie s'en revenait le long de la grève, et regardait les flots, qui, se déroulant en large nappe, venaient paisiblement mourir à ses pieds. Tout à coup un flot s'avance plus gonflé que les autres, puis s'élève lentement de son sein un spectre alongeant le bras en étendant son linceul. Marie distingue ces paroles mêlées au bruit des vagues : — Mère, ensevelis ton fils!..— Elle reconnait Simon. . . . . . .
. . . .

A quelque temps de là souffla le vent de l'équinoxe. Une tempête affreuse éclate ; le retentissement du canon d'alarme se fait entendre au large. Tout près des brisans, à la lueur des éclairs, on voit quelque chose qui s'élève et retombe. Les pêcheurs accourent sur le rivage, et avec eux

Marie et le vieux Magan. C'est une péniche, s'écrièrent quelques voix ! Les malheureux ! jamais ils ne passeront la barre, les avirons ne peuvent rien. Pourtant le garçon qui gouverne connaît la côte; il a bon bras, mais.... En un instant la frêle nacelle se brise contre les écueils. Quelques matelots essaient de nager, et sont engloutis dans les tourbillons. Un seul paraît lutter encore; par intervalle on aperçoit sa chevelure blonde entre deux lames : — Il nage, il nage, s'écrient les pêcheurs ! —Nage-t-il? répond Marie d'une voix étouffée.... Il approche;... un flot plus gonflé que les autres le jette près du rivage : c'était Simon, mais il ne nageait plus. On était sur la grève de Notre-Dame-de-Pitié. L'œil fixe, hagard, sans larmes, Marie est restée immobile comme une pierre; soudain elle étend les bras : — Viens, Simon, ta mère ensevelira son fils !...

III.

La Mariée de Carnoat.

———•———

Non loin du couvent de Saint-Maurice, sur les bords où l'Élé réfléchit dans la limpidité de ses eaux le feuillage aérien des hêtres de Carnoat, Stéphanie, jeune paysanne, vivait auprès de sa vieille mère Marie-Anna. C'était le faible reste de la famille des Scanvics, dont les chefs, depuis plus de deux siècles, avaient joui d'une réputation sans tache : craignant Dieu, aimant leur paroisse, faisant l'aumône et cultivant leurs champs, mais graves et sévères avec leurs enfans.

Le dernier des Scanvics, père de Stéphanie, avait appelé sa fille à son lit de douleur, et lui avait dit : Prends soin de ta mère. Puis avec un accent prophétique, il avait ajouté : *Si tu laisses ta mère, malheur à ton enfant!* Scanvic ne tarda pas à s'endormir de son dernier sommeil ; mais, couché sur son lit de repos, ses traits semblaient respirer la menace : ils conservaient la trace de sa dernière pensée. Cette dernière et immobile pensée, les morts ne l'oublient pas ; *mais les vivans oublient tout, tout, jusqu'aux avis de la mort.*

Marie-Anna était tombée dans une sombre mélancolie. Souvent la nuit elle sautait sur la terre, appelait sa fille : Réveille-toi, Stéphanie, j'ai vu ton père ; je l'ai senti : il était froid comme la pierre de sa tombe. A genoux, .. prions ! Ou bien elle montrait sur sa coiffe l'empreinte noircie d'une main ardente, d'une main de fer brûlant qui s'y était appliquée. — Ton père est en souffrance, rendons-nous près des reliques de Saint-Maurice ; là nous ferons vœu de prier,... de prier toujours pour son âme.

Stéphanie fut d'abord cruellement affligée de l'état de sa mère, et tourmentée des souvenirs, des pressentimens, des apparitions qui l'environnaient; mais ces émotions pénibles s'émoussèrent avec le temps. Ses terreurs cédèrent la place aux illusions de son âge. Faiblesse humaine! *On s'habitue à tout, à tout, même aux avis de la mort.*

De Guidel à Clohar, de Redenez à Lothéa, on ne trouvait pas une fille aussi belle que Stéphanie. Les chourics venaient souvent frapper à sa porte aux approches de Noël; car on la voyait chaque dimanche, à S.-Laurent, à Locmaria, à Notre-Dame-de-l'Armor. Élancée comme un jeune peuplier, fraîche comme la marguerite nouvelle, dès qu'elle paraissait avec sa camisolen garnie de velours noir, son tablier rouge et sa coiffe élégante, dont les bandelettes festonnées retombaient sur sa poitrine et voltigeaient comme des papillons blancs, tous les regards se tournaient vers elle : un murmure approbateur parcourait toute l'assemblée. Stéphanie prenait place sur un tertre vert auprès de la chapelle, et par momens elle avançait une tête charmante pour apercevoir, à travers les vitraux, le prêtre officiant à l'autel.

Dès que les prêtres avaient quitté la place, et que le son du bignou appelait à la danse du soir dans les allées de châtaigniers, les jeunes garçons accouraient se disputer l'honneur de présenter Stéphanie. Celui qui l'avait emporté, fier de sa victoire, se faisait le conducteur des évolutions; s'élançait en repliant sur lui-même le cercle interrompu, entrelaçait mille circuits, formait un labyrinthe de mille détours, et de temps à autre poussait un cri de joie que répétait la brillante assemblée.

Stéphanie avait dix-huit ans; elle s'enivrait de ces hommages et ne manquait pas un *pardon*, tandis que sa mère donnait de longues heures à la solitude et à la tristesse.

Un soir, la jeune fille revenait d'une fête de Locmaria; elle pressait le pas, car le soleil se couchait, et ses rayons rougeâtres venaient frapper horizontalement les troncs noircis de quelques pins maritimes. A peu de distance on entendait le bruit du torrent du Taro, qui retombe en triple cascade, et fait retentir de sa chûte les voûtes élevées de la forêt. Voilà que tout à coup, au détour d'un sentier, se présente à Stéphanie un jeune homme à cheval. Elle le reconnaissait bien, c'était René. Plus d'une fois il s'était mis sur son chemin, au sortir du pardon, pour avoir occasion de la saluer respectueusement.—Stéphanie, lui dit-il d'une voix inquiète, la ferme de Kerlaran est belle, et ma mère vous traiterait si bien!... Stéphanie, la route est encore longue, voulez-vous monter à cheval? — Non, René, je m'en irai seule. Hélas! il se passe chez nous des choses qui me font peur; mais, ajouta-t-elle avec quelque embarras, que votre mère vienne trouver la mienne.— Sur le visage du jeune homme éclata la joie la plus vive; il salua, se retira au galop, et disparut dans la forêt.

Stéphanie tremblait et ne pouvait marcher. Dans ce dialogue rapide, elle venait de contracter un engagement solennel; elle avait parlé selon son cœur, mais elle ne pouvait chasser quelques pressentimens. Enfin elle approche lentement du Taro: il était nuit, la cascade tombait avec force, et faisait bouillonner une écume phosphorescente. Quelques troncs couverts de leur mousse, et jetés en travers sur le lit du torrent, formaient le pont tremblant qu'il fallait traverser. Stéphanie, habituée à ce trajet, n'y avait jamais éprouvé la plus légère hésitation; aujourd'hui elle se sent défaillir. Elle entend quelques voix confuses mêlées au bruit du courant; on parle d'un enfant, d'une mère; ces voix ne lui sont pas inconnues: elle chancelle, le gouffre est au dessous.... Elle rappelle à temps son courage, et franchit enfin ce pas dangereux. Mais à peine arrivée chez elle :—Qu'as-tu, Stéphanie, lui dit Marie-Anna, tu es pâle comme une morte? Tu as vu l'âme de ton père,.... n'est-ce pas?—Je ne sais, répond la jeune fille.—Le jour dissipa ses frayeurs. La famille de René vint faire la demande. Marie-Anna fondait en larmes, et cherchait les yeux de sa fille; mais Stéphanie les tenait baissés. La volonté de Dieu soit faite, dit la pauvre mère d'une voix éteinte! En même temps elle prépare des crêpes, et les offre à ses hôtes : c'était donner son consentement. Mais elle ne pouvait que répéter par intervalle : La volonté de Dieu soit faite!

Arrive bientôt le jour des noces. Les amis se réunissent en foule; chaque jeune fille reçoit de celui qui la préfère une ceinture brodée d'argent. On se presse autour des fiancés ; le cortége se dirige vers la paroisse; mais les ancêtres ne sont pas oubliés : la mort ne rompt pas la famille, et suivant la touchante coutume du pays, en entrant dans le cimetière on s'agenouille sur la pierre et l'on demande la bénédiction des tombeaux. Quelle harmonie dans cet hommage de la vie à la mort, dans ce constraste d'une parure de noces avec une tombe de village que le temps a penchée! Stéphanie essayait de se tenir à genoux sur la tombe de son père; elle ne pouvait y réussir. La tombe était brisée en deux fragmens jetés l'un sur l'autre. Ton père n'est plus là, lui dit le fiancé, relève-toi, relève-toi ; son âme est errante quelque part. Nous ferons dire des messes ; viens, et il l'entraina vers l'église.

Pendant la cérémonie, Marie-Anna considérait avec des yeux inquiets les cierges des deux époux. Elle savait que celui dont le cierge pâlit doit quitter ce monde avant l'autre. Hélas! le cierge de sa fille ne répandit qu'une lumière mourante, et même il s'éteignit trois fois. Les assistans baissèrent un front consterné; mais on oublia dans les fêtes ces tristes visites des trépassés, *car les vivans oublient tout, tout, jusqu'aux avis de la mort.*

Marie-Anna quitta la maison de sa fille après quelques semaines. Pourquoi?.... on ne put le savoir; mais après son départ un spectacle étrange vint effrayer tout le canton qui borde les rives de l'Élé et le torrent du Taro.

Au pied d'une montagne taillée en précipice, et dominée par d'énormes rochers qui, penchés sur l'abîme, semblent n'attendre qu'un orage pour tout écraser sous leur masse, paraît le soir une femme enveloppée d'un drap blanc. Elle marche lentement, absorbée dans une douleur profonde, en pressant convulsivement contre elle-même un fardeau qu'elle prend soin de cacher. Elle s'assied sur une pierre nue, et là, développant son linceul, elle laisse apercevoir un petit enfant jeté sur ses genoux: il repousse le sein de sa mère. La malheureuse l'enveloppe de ses cheveux épars, et tâche de le réchauffer; puis elle s'efforce de puiser de l'eau dans une coquille, pour lui donner le saint baptême. Mais chaque fois qu'elle avance le bras, un autre bras décharné, un bras de vieillard, sort du courant et la repousse : cette lutte hideuse se renouvelle incessamment, toujours en vain. La mère tombe dans le désespoir ; l'enfant n'est baptisé que de larmes..... Elle fuit épouvantée ; et l'on n'entend plus dans le lointain qu'un douloureux concert des cris étouffés de la mère et des vagissemens de l'enfant.

Stéphanie éprouvait les signes d'une prochaine maternité. Un nouvel ordre de sentimens se développait en elle, et suscitait des inquiétudes sur un avenir qui n'avait pas jusqu'alors arrêté ses regards. La voix sévère de son père semblait retentir encore à ses oreilles : *Si tu laisses ta mère...* Elle n'osait achever, car sa mère n'était plus près d'elle. Un cri plaintif s'élevait au fond de son cœur, quand on lui racontait les visions redoutables qui désolaient tout le pays... Pour trouver quelque repos, elle adressait des vœux et faisait des offrandes à tous les saints des environs. Un soir, elle revenait de Locmaria... Vous êtes bien tard en chemin, lui dirent les bateliers de Carnoat ; vous vous traînez à peine : le temps est noir... et le pont du Taro !... Aucun n'osa lui proposer de l'accompagner à travers la forêt : les voix lugubres jetaient au loin l'épouvante.

Stéphanie continua son chemin ; ses jambes tremblaient comme celles d'un homme qui marche au supplice... Elle devait être au pont du Taro. A travers le bruit des cascades et les gémissemens de la forêt, on entend un cri perçant. — On n'a plus revu Stéphanie. — Mais, encore aujourd'hui, par les nuits orageuses, une voix répète auprès du Taro : *Si tu laisses ta mère, malheur à ton enfant !* Les échos se renvoient d'une rive à l'autre ces lugubres paroles, qui se prolongent et vont se mêler en mourant au roulement solennel de la barre du Pouldu.

IV.

La Tournée des Mendians.

Il est un jour que l'église a consacré à la commémoration des morts. Tous les fidèles se réunissent pour écouter le lugubre *Miseremini ;* aucun peuple ne s'empresse plus que les Bretons de répondre à ce cri d'alarme, et de porter secours à ceux que la main du Seigneur a touchés. Déjà les glas de la paroisse ont attristé le dernier crépuscule; la famille a fait la prière ; elle se presse autour du foyer. On parle des anciens parens, de leurs apparitions, de leurs demandes ; on promet un service, un pélerinage. Chacun s'est couché avec toutes ces pensées ; mais on a eu le soin de ne pas cacher le feu sous la cendre. Cette nuit les âmes vont quêter des prières. Le ciel est noir, la terre est enveloppée de frimas ; elles viendront se chauffer à leur ancien foyer. Chacun est silencieux dans son lit ; les rideaux verts sont bien fermées et munis de leur croix de tresses jaunâtres et enfumées. A travers on aperçoit quelques éclats de la flamme du foyer ; elle semble se réveiller comme la vie d'un agonisant ; on respire à peine. Trois coups retentissent à la porte : ce sont aussi de pauvres vagabons, comme les âmes du Purgatoire, des malheureux qui souffrent en ce monde ; c'est une troupe de mendians ; ils chantent sur un mode lugubre. Tandis que le vent d'automne secoue les branches et fait tomber la dernière feuille, ils marchent par une nuit en deuil, et s'en vont de village en village, prêtant leur voix aux morts. On dirait les morts eux-mêmes qui reviennent la nuit de leur fête pour adresser aux vivans ces lamentables supplications :

Le Chant des Âmes.

Mes pauvres gens, ne soyez pas surpris si je tombe auprès de votre porte ; c'est Jésus qui m'a transporté pour vous réveiller, si vous dormez.

C'est Jésus qui m'a transporté pour vous réveiller de votre premier sommeil ; unissez vos prières aux prières des âmes.

Vous êtes bien à l'aise dans votre lit, les pauvres âmes sont en souffrance... Vous êtes là mollement couchés, les pauvres âmes sont bien mal.

Priez, parens, priez, amis, car les enfans ne le font pas. Chers amis, ah ! priez, car les enfans sont bien ingrats !

Un drap blanc, cinq planches, un oreiller de paille sous la tête, cinq pieds de terre par-dessus, voilà tous les biens de ce monde.

Vierge Marie, quels chants douloureux, quels chants douloureux Jésus envoie du ciel !

Peut-être votre père, votre mère ; peut-être votre frère, votre sœur, sont-ils brûlés dans le Purgatoire.

Là, courbés, à genoux, flammes en haut, flammes en bas, ils crient vers vous : Des prières! des prières !...

Autrefois, quand j'étais dans le monde, j'avais des parens, des amis ; aujourd'hui mort, parens, amis, je n'ai plus rien.

Quand vous irez au marché, portez une bonne mesure ; mort, vous trouverez ici la mesure de Dieu.

Allons, sautez de votre lit, sautez pieds nus sur la terre, à moins que vous ne soyez malades, ou déjà surpris par la mort (3).

———•••———

A ces tristes accens, chacun se lève et se prosterne. On donne un morceau de pain aux mendians et quelques prières aux pauvres trépassés.

ÉTUDE TROISIÈME.

GYMNASTIQUE.

I.

La cueillette du Couzou[4]. — *Les petits Lutteurs.*

Le bonhomme Naël, estimable cultivateur au village de Poulbran (5), venait d'achever sa tournée du soir ; il avait lentement examiné tous les édifices de sa ferme, et considéré les étoiles d'un œil astrologique ; ensuite il s'était fait une visière de sa main droite, afin de mieux apprécier les nuances vaporeuses qui effaçaient le pourtour de l'horizon : puis il s'était accoudé sur un talus pour écouter tranquillement le cri des cigales, le croassement désordonné des grenouilles et des salamandres, et le mugissement de la mer qui se brise au loin sur les rochers et le long de ses grèves. Tout joyeux des présages qu'il vient de recueillir, Naël rentre au logis, non sans avoir échangé quelques caresses avec son chien, qui saute et s'agite en secouant sa chaîne.—Allons, Margaïte, allons, petits blondins, demain il fera beau, nous irons à *Scaër*. Qui m'eût dit qu'un jour, ajouta-t-il en relevant ses cheveux blancs, les gars de *Fouesnan* viendraient nous enlever les prix? Mais Yan Bras(6) est là, et le pauvre Naël est vieux. Couchons-nous.. Il se fait tard, le ciel marquera minuit quand le timon du charriot regardera la torche de Penmark.

La jeune et alerte Margaïte écoutait de toutes ses oreilles ; elle paraissait pensive, et tout en donnant des soins au ménage, quelque chose la préoccupait fortement. Elle relève la nappe, en recouvre un énorme pain de seigle posé tout près de la fenêtre, sur l'extrémité de la table, puis elle fait tomber dessus un large panier qu'une poulie retenait au plancher ; elle pousse la coulisse des bancs où sont rangés les pots et les écuelles de beurre et de lait ; enfin, elle annonce qu'on peut dire la prière.

Alors se dénichèrent du coin du foyer les deux petits blondins Miguélic et Guénaël. C'étaient deux jolis jumeaux, âgés de douze à treize ans. Naël les aimait comme des enfans de sa vieillesse ; aussi se promettait-il bien de leur donner toutes les bonnes traditions de la lutte, et de les rendre dignes de leur père.

Car c'était un vieux lutteur, un lutteur passionné, que Naël. Mille prix avaient honoré sa carrière ; il avait fourni sa maison de ceintures, de mouchoirs, de bonnets, et souvent il avait apporté un mouton à l'étable. Mais qu'était-ce que tout cela auprès de l'honneur d'entendre dire, quand il traversait un village, aux gens qui suspendaient leurs travaux et s'appuyaient sur leurs bêches pour le regarder : — Venez voir, voilà Naël le lutteur !

Naël avait plus de soixante ans. A cet âge, on peut lutter encore ; mais c'est, hélas ! contre les infirmités qui démolissent pièce à pièce la pauvre machine humaine : restent les récits, les spectacles. Le vieux lutteur va voir les luttes, bien que les jeunes gens aient perdu les bonnes règles, bien qu'ils ne montrent plus la même vigueur. Tout cela est vraiment triste; mais enfin le vieux lutteur se résigne, le vieux lutteur va voir les luttes.

Ainsi faisait Naël, surtout, disait-il, dans l'intérêt de ses petits jumeaux. D'ailleurs il marchait environné de ses anciens succès; les jeunes gens se ralliaient à son expérience, s'animaient du feu de ses regards, et se dévouaient à l'honneur du quartier. En outre, l'on n'ignorait pas que dans la vallée de Goël, Naël avait vu des choses merveilleuses et résisté à l'esprit du mal.

Lorsque le père de famille eut terminé la prière devant une image de Sainte-Anne à demi-détachée de la muraille, chacun se rapprocha de son lit; on se couche à la dernière lueur du foyer; on s'enfonce dans ces grands coffres élevés jusqu'aux poutres, et dont l'étroite ouverture, garnie de deux rideaux bien courts, est ornée d'une petite balustrade en buis.

Chacun est dans son lit, mais tous ne dorment pas. Margaïte se lève à chaque instant; puis légère elle s'avance au panneau entr'ouvert d'une petite fenêtre. Là, plus attentive qu'un astronome à l'affût d'une comète dont il a prédit le retour, elle observe les trois brillantes étoiles qui rayonnent au timon du chariot. — C'est bien comme disait mon père... Minuit tout à l'heure... Allons.

—Bientôt Margaïte est habillée; elle a retiré sans bruit la grosse traverse carrée qui seule défend l'entrée du logis: la voilà lancée dans la campagne.

Le ciel est pur et scintillant; la lune, dans toute la plénitude de son disque, se joue à travers le feuillage des chênes rabougris qui bordent les talus; à l'horizon elle développe une zône argentée qui naît vers l'île de Groix, se perd aux Glénans et renferme une plaine immense; les flots s'y balancent paisiblement, traversés par mille sentiers d'une douce lumière dont ils multiplient les mobiles reflets.

Margaïte a descendu la colline; à chaque pas elle s'arrête, elle écoute. Que peut-elle craindre? Les courils ne dansent pas sous un si beau ciel. Et puis, Margaïte est bien avec ces petits êtres capricieux; mille fois il lui est arrivé, quand elle avait perdu quelque chose, de courir à la vallée de Goël, de s'arrêter au Galgal des courils, et là de crier au trou de leur terrier: Courils, courils, au secours! Le lendemain, dès le point du jour, ce qu'elle avait perdu était posé sur le seuil de sa porte. Margaïte n'a donc rien à craindre; mais il y a tant de frissonnemens dans la nuit!

Margaïte est au milieu d'un beau champ de trèfle que la faux n'a pas encore touché; elle glisse le long des fossés: vous diriez une petite fée; elle cherche quelque chose; elle se penche en alongeant les bras, mais elle ne rencontre que des touffes de fleurs et quelques ombres indécises qu'elle essaie vainement de saisir. Enfin, un faisceau de rayons s'échappe du milieu des branches et vient se reposer sur une place qu'elle reconnaît. Là se trouve un trésor, un trèfle à quatre feuilles, *er melchen péder*. Mais se cueillera-t-il comme une herbe sans vertu ? Oh non ! Margaïte sait bien comment s'y prendre. Elle se met à genoux, coupe le rameau avec les dents, puis elle le serre précieusement dans un petit sac de toile qu'elle cache sous son *corkenn*.

Heureux mille fois qui peut croire à la vertu d'un talisman ! C'est quelque chose de plus encore que l'espérance. Margaïte sautait de plaisir en pressant son petit sac de trèfle. Elle se hâte de rentrer et de tout remettre en bon ordre. Mais à la réflexion, sa joie fut moins vive ; peut-être sans le savoir venait-elle de s'enchaîner à quelque être mystérieux : elle ne pouvait se délivrer de cette pensée importune... Les heures se traînèrent péniblement : Margaïte ne put goûter un instant de repos.

Un rayon du jour naissant traversait les fentes de la fenêtre, et se projetait sur les rideaux du père Naël. Les coqs se répondaient, le chien grattait la porte. — Allons, enfans, debout! cria le bonhomme; et chacun de sauter du lit.

On fut bientôt prêt, si ce n'est Margaïte. Elle avait sa coiffe à mettre. Placée vis-à-vis un petit miroir enchâssé dans une baguette rouge, elle s'éloignait, se rapprochait, repassait vivement les plis qui ne prenaient pas bien; car il fallait s'encadrer la figure dans un losange parfaitement symétrique. Parfois éclataient de petites impatiences : — Quel malheur ! je suis coiffée comme une fille de *Querrien*.

Dieu sait quand tout cela finira, dit Naël; nous avons mieux à faire que de regarder Margaïte se fâcher contre sa coiffe. Guénaël, Miguélic, allons dans l'aire à battre, que je vous donne de bons conseils; on gagne aujourd'hui des rubans à *Scaër*.

Voilà les deux jumeaux posés sur un pailler, et le bonhomme leur enseignant les lois, leur dévoilant les secrets de la lutte. Jamais gymnasiarque ancien ni moderne, depuis Milon de Crotone jusqu'à M. Amoros, n'y mit pareille importance. — D'abord pas de louzou; je l'ai dit souvent: *Il n'y a qu'un bon louzou, c'est le signe de la croix.* Couchez l'adversaire sur le dos, si vous voulez qu'il ait un *lamm*; sur le côté il n'aurait qu'un *ostinn* : ce serait à recommencer. On ne se prend qu'à la chemise; ni coups de poings ni coups de pieds, mais des *peeg-gourn* (7). C'est le plus beau. Surtout ni colère ni rancune ; allons, tenez bon, petits gars (8).

C'était plaisir de voir Guénaël et Miguélic se poussant, tournant, bondissant tête à tête, comme deux chevreaux qui essaient leurs petites cornes. Leurs cheveux blonds flottaient et se mêlaient. Le vieux père tout ragaillardi, sautait sur l'une et l'autre jambe, se courbait, se relevait, suivait tous les mouvemens, reprenait, criait, poussait l'un, poussait l'autre. Au milieu de ces joyeux ébats, il fait rouler les deux champions sur le pailler. Les jumeaux se relèvent en riant. Guénaël grimpe sur les épaules de son père, tandis que Miguélic s'entortille autour de ses jambes. Bref, on ne sait comment le bonhomme se serait dégagé de ce terrible assaut, si Margaïte n'était venue donner le signal du départ.

Elle n'avait pas perdu son temps : sur sa robe bleue à franges d'argent, se noue un tablier vert, moiré. Son *corkenn* noir, bordé d'un liseré d'or, est échancré en croissant sur chaque épaule, et découpé en cœur sur la poitrine, où le retiennent les entrecroisemens d'un petit lacet écarlate, qui se dessine sur une camisolen blanche... Pour ménager sa toilette, Margaïte a relevé sa robe par les trous de ses poches.

II.

Le Voyage. — Le Tailleur.

Le corps jeté en avant, Naël, muni du penn bac'h, marchait d'une extrême vitesse. Plusieurs fois Margaïte se mit à lui dire : — Si nous allons si vîte, ceux du Moustoir ne pourront nous joindre. — Tu parles bien souvent de ceux du Moustoir, Margaïte, répond le père Naël. Ils sont plus légers que nous ; je sais bien qu'il nous atteindront, va !...

Pour Guénaël et Miguélic, ils arpentaient trois fois la route, secouaient la rosée des arbres, couraient dans les sillons et pillaient les pommiers. Margaïte faisait la maman ; elle cherchait à les contenir : certes elle avait fort à faire. A ses remontrances, Guénaël répliqua d'un air mutin : — Ne parle pas si haut, Margaïte; je n'ai pas le sommeil dur. M'as-tu vu courir au clair de lune ? — Cette fois, Margaïte devint rouge comme une cerise, n'osa plus gronder et laissa les petits lutins ravager impunément les pommiers.

Cependant la campagne s'animait : on aurait dit un immense tapis interrompu par les nappes blanches des champs de sarrazin, dont une douce odeur de miel annonçait le voisinage. Des gouttelettes de rosée, que nuançait le soleil levant, étaient déposées sur chaque fleur, tandis que les abeilles matinales picoraient à l'entour. Parfois on traversait un champ de mil, dont les aigrettes chargées de petites perles d'or se penchaient vers les sillons, et entouraient des couches d'énormes citrouilles. Au loin, sur les collines, on entendait les sautillans refrains du bignou des meûniers.—Ah ! j'aperçois là-bas, au détour du sentier, les gars du *Moustoir*, dit Margaïte. — Avec tes yeux de vingt ans, répliqua Naël, tu verrais... Mais quels éclats de rire ! Allons, ce mauvais sujet de Favennec le tailleur est là. — Mais, mon père, Favennec est-il donc si méchant ? — Ah ! ah ! tu défends les *Chourics*. Penses-tu en conter au bonhomme Naël?

Voici donc venir à toutes jambes les gars du *Moustoir* : ils ont reconnu le vieux Naël et sa famille. Rien ne les arrête ; ils sautent lestement les fossés, en suivant Alanic, leur chef, l'espoir du quartier. Cheveux noirs, œil de faucon, taille élancée, muscles secs et vigoureux, tel était Alanic, beau jeune homme, mais, à vrai dire, un peu trop jeune pour un chef de lutteurs.

On entoure Naël : grand échange de complimens et de poignées de mains. Libre de ce devoir, Alanic s'approche de la jeune fille et lui dit : — Fait-il beau pour vous, Margaïte ? *Kaër y a guen oh?* Assez beau, Dieu merci, Alanic. Mais je trouve par devers moi, *cahueign e ran guen eign*, que vous êtes bien jeune pour lutter contre Yan Bras. Attendez l'année prochaine. S'il allait vous faire tomber une côte ! — Je n'ai peur ni de Yan Bras, ni de personne, sauf du diable. — Il faudrait toujours faire un vœu... La conversation allait devenir plus intéressante; mais elle fut brusquement coupée par les cris, les éclats de gaîté que provoquait un spectacle assez grotesque.

Trop empêché pour suivre la course des jeunes

gens, le tailleur Favennec était resté en arrière, et maintenant il se hâtait de rejoindre ses compagnons en tirant de ses membres inférieurs tout le parti qu'il en pouvait tirer. Ses membres inférieurs (je n'ose dire ses jambes) avaient pris, par un long exercice de sa profession, une direction toute particulière. Le tibia s'était soudé à angle droit sur le fémur, en sorte que Favennec paraissait courir sur deux équerres. Une aune à la main, il établissait fréquemment un équilibre tout à fait instable. Du reste, coiffé d'un petit chapeau à trois becs, il montrait une large figure flanquée de deux grosses loupes; une troisième, toute rouge, tenait la place du nez.

Nael.

Holà, tailleur ! tu pourrais l'emporter à la course ; mais que viens-tu faire aux luttes ?

Favennec.

Tu le sais bien, bonhomme ; qui tient le fouet ? qui fait faire place ? qui frappe mieux que moi à droite et à gauche, sans préférence, le chapeau sur les yeux ? Aujourd'hui je protége Alanic; c'est un beau garçon, — *er potre fur*, — qu'en dis-tu ?

Nael.

Oui, s'il défend l'honneur du Moustoir, que je ne puis plus défendre, moi.

FAVENNEC.

Il le défendra. Mais toi qui gloses, père Naël, tu as une belle fille à marier; en bon père, tu devrais faire blanchir ta cheminée tous les ans pour l'annoncer à tout le monde. Eh bien! la chaux est chère, à ce qu'il paraît, car ta cheminée reste noire comme la soutane de monsieur le recteur.

NAEL.

De quoi te mêles-tu, méchant tailleur? Tu portes le diable sur les épaules.

> Quéméner breign
> Er diaul ar hi caign.

FAVENNEC.

Doucement, bonhomme; Margaïte ne peut pas rester comme ça. Vois donc si elle a une couleur de bonne sœur, *lihue er seurès.* — Margaïte, c'est moi qui gouverne tes affaires, et tu le mérites bien ; quand je travaille chez toi, tu me régales de bouillie bien solide. Ce n'est pas comme ces ladres de bourgeois; ils en donnent de si claire, qu'une paille n'y tient pas debout ; mais en revanche, pour de la viande un morceau de chat écorché : aussi tous les soirs je vais miauler auprès de leurs châteaux. — Ici Favennec roucoula, miaula si bien et avec de telles variations, que les mulots s'enfoncèrent dans leurs trous ; l'on se croyait au sabbat ; — et chacun de rire.

NAEL.

Tu parles toujours mariage, et tu en fais beaucoup, car il n'y a pas si mauvais sabot qui ne trouve son pareil ;

> N'eus cos botės e bet
> Nac a gave he bar.

mais manges-tu tous les choux qu'on te laisse aux portes ?

FAVENNEC.

Tout cela ne me fait pas peur, et ne sais-tu pas que la première fois que Dieu créa un tailleur, il lui dit : Prends garde que le monde ne finisse ; c'est tout profit : du cidre à la noce, des marmots à habiller. Ah ! ah ! tu ris, Margaïte ?

NAEL.

Finissons tout cela. Margaïte aura un gars qui fasse honneur à mon quartier, qui revienne souvent de Scaër avec un mouton, et qui ne boive pas autant de cidre que toi.

FAVENNEC (*d'un ton solennel*).

Le cidre ne gâte pas le cœur. (*Bas à Alanic*). Souviens-toi qu'il nous faut un mouton. —
Alanic secoua fièrement la tête. . . . . . .
. . . .

La petite flèche du clocher de Scaër s'élançait d'un massif d'ormeaux. Des troupes nombreuses de paysans traversaient au loin les sentiers cachés sous les fleurs jaunes des bouquets de lande ; puis ils disparaissaient dans les chemins creux, franchissaient les barrières des champs. Aux éclats des conversations se mêlait le carillon des cloches. Les longues narrations des femmes se coupaient tout à coup par l'essoufflement de la marche, mais elles se renouaient avec une merveilleuse volubilité. Une cordialité toute bretonne animait les rencontres qui devenaient plus fréquentes, et la petite bande du Moustoir se recrutait à vue d'œil.

Servi par l'occasion, Favennec avait retenu Margaïte à l'écart. Leur conversation était sérieuse et pleine de mystère : Margaïte avait laissé entrevoir à plusieurs reprises le sachet qu'elle tenait caché dans son *corkenn* ; mais elle paraissait agitée de la plus anxieuse hésitation. Après quelques signes d'intelligence, ils rejoignirent le gros de la troupe. Autour du bonhomme Naël se groupaient, se pressaient tous les jeunes gens. La poitrine du vieillard se dilatait d'enthousiasme. Les gloires, les exploits de sa jeunesse lui passaient devant les yeux, véritable fantasmagorie triomphale, qui faisait vibrer toutes ses fibres endurcies depuis long-temps. Il tirait de son cerveau les vieilles archives de la lutte, racontait les différens *peeg-gourn* ou *cliquet-zoon*, les époques, les auteurs de leur découverte ; il n'oubliait ni Maléfan, ni Moëligon, ni Kerchoon, ni les quatre frères Guellic, les quatre fils Aymon de la lutte. Il distribuait leur contingent d'honneur aux paroisses de Guiscriff, de Kernével, de Querrien, de Fouesnan, de Scaër, de Bannalec. Jamais, disait-il, il n'y a eu lutteurs au monde capables de résister aux Bretons; autrefois les rois venaient les chercher pour donner des *peeg-gourn* aux Anglais. Ici le père Naël fouille quelque temps dans sa mémoire, puis il ajoute : Pour la chose, je la sais bien, mais les noms, je les ai oubliés... Retenez tout cela, vous le direz après moi.

Toutes les femmes n'écoutaient pas les récits de Naël avec une égale faveur. Quelques ménagères en murmuraient tout bas ; l'une d'elles s'écria d'une voix aigre : — Le beau profit que vos luttes : allez faire déchirer une bonne chemise et des bragaw pour avoir un pauvre petit mouchoir, et venir cracher le sang à la maison. — Et l'honneur, femme? répond Naël. Vous auriez dit le vieil Horace; puis avec un ton plus doux et tout à fait didactique : — On peut parer à tout : prenez une chemise de bonne toile à voile, bourrée avec du plomb de chasse; trempez-la dans de la résine bien fondue, et recouvrez-la de trois couches de savon. Pour ce qui est de cracher le sang, ce n'est vraiment rien : faites venir la bonne sœur Béatrix de Coatcatar, elle vous collera une poule noire sur la poitrine; le lendemain vous serez mieux que jamais : surtout, mes gars, pas de *louzou;* c'est un péché.

FAVENNEC (*interrompant*).

Comment pas de louzou? Il y en a tant qui s'en servent : n'est-il pas permis, par exemple, d'aller humer les rayons de la lune pour se donner des forces?

NAEL (*d'une voix énergique*).

Enfans, jetez vos *louzou* : si vous voyiez ce que j'ai vu, à l'instant vos cheveux deviendraient aussi blancs que les miens. J'ai lutté contre les réprouvés; ma confiance est en Dieu, et je répéterai toute ma vie : *Il n'y a qu'un bon louzou, c'est le signe de la croix.*

Ces menaces retentirent douloureusement dans le cœur pieux et ingénu de Margaïte, et le tourmentèrent de nouveaux scrupules. Dans la confusion de ses idées, elle portait déjà la main à son *corkenn* pour en ôter le petit sac, et peut-être l'aurait-elle jeté loin d'elle; mais Favennec s'approcha, et lui dit à l'oreille : — Margaïte, quand Alanic se noiera, ne voudras-tu pas lui jeter une planche? — Le petit sac resta en place ; mais de toute la route, Margaïte n'osa lever les yeux.

Voilà Scaër : la foule débouche par toutes les routes ; elle encombre le cimetière, la place et les champs voisins ; le concours est immense : on se presse, on se pousse, dans une fluctuation continuelle d'action, de réaction, de chûtes ; tous les costumes des paroisses forment, en se mélangeant, la plus pittoresque variété. De tous côtés des colonnes d'une fumée ardoisée vont se mêler à la verdure des chênes ; elles sortent des brasiers qui font bouillir des chaudières et rougir de larges grils sur lesquels sont posées des pièces de viande et des rangées de sardines. Au milieu, les bivouacs et les petites charrettes des aubergistes; puis des groupes de paysans qui s'abreuvent d'excellent cidre ; quelques jambes déjà chancelantes, quelques chants, quelques propos discordans. Plus loin, les jeux, les chocs, les cris, les sifflets des enfans qui se jettent sur les paniers de crêpes et de gâteaux ; les braillemens des chiens dont on écrase les pattes, les appels des marchands forains et des rouleurs de loterie.

Les cloches à toute volée sonnent la grand'-messe : vite la foule se rue vers le porche. Les gens du Moustoir forcent le passage, et sans être rompue, leur petite colonne s'introduit dans l'église, et prend place derrière la balustrade. Pour Margaïte, elle se met du côté des femmes.

III.

Les Luttes. — Yan Bras.

« Écoutez, écoutez bien, et vous le redirez aux
» sourds. Tous les lutteurs, grands et petits, sont
» défiés pour la saint' Candide par les gars de
» Scaër. L'arbre portera ses prix comme un pom-
» mier ses pommes. Faites passer dans vos man-
» ches l'eau des bonnes fontaines (9). »

Telle était la proclamation que depuis trois semaines les crieurs publics, montés sur l'escalier de la croix de pierre, adressaient à la foule qui sortait de la messe du dimanche, dans les paroisses des environs.

Ces paroles avaient été reçues fièrement ; elles avaient ému les vieilles expériences comme les jeunes courages : on était accouru à l'appel, et Scaër était ce jour-là le rendez-vous des forts de tous les quartiers. On se coudoyait pour sortir de vêpres ; les chefs des luttes, entourés de leurs amis et de leurs admirateurs, comme autrefois les Gaulois de leurs leudes, tête levée, traversant la foule, se promènent en dessinant les saillies de leurs cous et de leurs épaules. C'est une véritable féodalité de forces musculaires. On se range pour leur faire place, on cite leurs noms, on raconte leur histoire ; entre eux ils se menacent de l'œil, du geste et de la voix.

La troupe du *Moustoir* se promenait aussi ; Margaïte suivait de loin. L'air imposant du jeune Alanic attirait tous les regards. Jaloux de cette faveur publique, Pogam, l'un de ses antagonistes, se mit à lui crier : — Est-ce pour t'essuyer le dos, que tu as amené le tailleur Favennec? — Alanic s'élançait déjà pour punir l'insolent ; Favennec le retient : — A moi, dit-il, les combats de la langue : holà ! chétif Pogam *Truhec* (10), j'y suis pour te faire une camisolen; je te prendrai mesure à terre, tu laisseras ton moule sur la prairie.

Arrivent le bignou et la bombarde parés de rubans; avant tout on commence joyeusement la danse et le bal. Tout se mêle, s'anime, se confond; et l'on aperçoit une foule de têtes plongeant et surnageant dans ces flots vivans et agités.

Un groupe s'était formé à part et s'occupait de soins plus sérieux, il désignait les juges du camp : Naël de Poulbran, le plus renommé des anciens, est reconnu tout d'abord, aux plus vives acclamations; il s'adjoint ses vieux rivaux, les seuls dépositaires des bonnes traditions, les seuls qui puissent distinguer sans hésiter un *lamm* d'un *costinn*. Pour Favennec, il réclame avec chaleur l'avantage de manier le fouet et de conserver au cercle des curieux un rayon suffisant. Ces utiles fonctions ne lui sont pas refusées; trois autres les partagent avec lui.

Tout s'apprête; Naël donne le signal; le tambour a roulé, le bal cesse. Alors s'avance un nombreux cortége. Le bignou et la bombarde marchent d'abord, et jouent un de ces ranz nationaux qui soulèvent la poitrine, font vibrer le cœur et tourner les yeux vers la patrie absente, mais qui aiguisent le courage, lorsqu'on se meut dans l'atmosphère natale, et que l'on se repose au foyer ou sous le pommier de ses pères.

L'arbre pyramidal, chargé des gages du combat, entouré des juges, est ensuite porté comme un drapeau : on y voit suspendus chapeaux, rubans, ceintures. Sur les côtés, deux béliers aux cornes pavoisées sont conduits par une tresse rose nouée autour de leurs cous. Derrière marchent les grands lutteurs, environnés de leurs fidèles. Même fierté d'attitude, même feu d'émulation, même fracas d'encouragement, mêmes acclamations de leurs compatriotes.

Le peuple afflue, fait irruption de tous côtés ; hommes, femmes, enfans, se jettent sans ménagemens. Sous leur course pesante, les talus s'éboulent et la terre retentit comme une voûte creuse.

On arrive au champ-clos, fraîche prairie qui renferme la vénérable fontaine de sainte Candide; elle est dominée par deux collines parsemées de rochers et ombragées de châtaigniers. L'arbre des prix est planté au milieu. Armés de leurs fouets, Favennec et ses compagnons marquent l'enceinte qu'on ne doit pas dépasser. Ils déploient une activité remarquable, arrêtant, rangeant à l'entour, rejetant en arrière et curieux et lutteurs. Malgré son incorruptible impartialité, le tailleur a trouvé moyen de placer près de lui Margaïte et ses deux jeunes frères.

Ceux des spectateurs qui n'ont pu trouver place dans les premiers rangs, s'élèvent les uns sur les autres, s'empressent d'occuper toutes les positions de cet amphithéâtre naturel, chargent les arbres, gravissent les talus, se cramponnent aux rochers.
— Approchez, la lutte est ouverte, crie Naël. — Aussitôt l'enceinte est livrée aux escarmouches des jeunes enfans qui préludent légèrement à de plus rudes épreuves, et reçoivent quelques rubans. Je ne dirai pas les victoires bien disputées de Miguélic et de Guénaël, ni les larmes cachées de leur vieux père : ce n'est là qu'une ombre de combat, propre seulement à irriter la curiosité des spectateurs ; leurs cris, leurs trépignemens appellent un lutteur plus habile.

Le voilà ; c'est Julian er Pogam de Scaër. Viennent ceux de Bannalec, de Fouesnan, de Querrien! Il s'élance vers l'arbre, et détache une ceinture noire munie d'une large boucle en cuivre jaune : belle ceinture pour les jours de pardon. D'une main il tient son chapeau élevé, de l'autre il montre aux spectateurs le prix qu'il prétend s'arroger ; puis s'avance lentement en cherchant un rival. On se tait, car Pogam a des membres bien fournis, des articulations sèches et enfoncées, tous les signes de la force unie à la souplesse. Qu'on se hâte de lui répondre : le tour de l'enceinte achevé, il aura le prix sans combattre. Cette idée suffoque Alanic ; il va crier holà ! Favennec le retient : — Ne cours pas après la ceinture, ménage tes forces ; il te faut un bélier,.... tu sais bien.

A quelque distance, contre une vieille souche de chêne, se repose un homme d'une taille élevée, d'une constitution herculéenne : c'est Yan Bras. Il est debout, les bras croisés, appuyé sur ses reins. D'un œil dédaigneux, il a suivi la marche présomptueuse de Pogam. Il rit en lui-même de ce triomphe imaginaire. Tout à coup il crie durement : — *Chom sahue* : Reste debout. — Pogam, étonné, s'arrête, non sans quelque émotion. Il remet la ceinture ; elle sera disputée.

Les yeux se tournent vers Yan Bras, qui, bouleversant tout à droite et à gauche, se fraie un chemin dans la foule. Le voilà aussi dans le cercle. Il touche Pogam à l'épaule ; tous deux s'éloignent et se séparent ; puis les pieds et les jambes nus, les cheveux relevés par une tresse de paille, l'habit bas, les épaules en partie découvertes, ils s'avancent l'un vers l'autre d'un air imposant, comme gens qui vont subir une grande épreuve. Ils s'interrogent mutuellement :

POGAM.

A qui tiens-tu ? A Jésus ou au diable ?

YAN BRAS.

M'as-tu vu trembler du signe de la croix?

POGAM.

Que les sorciers aillent à leurs maîtres.

YAN BRAS.

Qu'ils y aillent : c'est bon... As-tu du fiel au cœur?

POGAM.

Je donne la main après comme avant.

YAN BRAS.

Je suis de Fouesnan.

POGAM.

Je suis de Scaër.

Ils font lentement troix signes de croix et se frappent trois fois dans les mains; puis ils se saisissent vivement, en formant de leurs bras une écharpe qui passe de l'épaule droite à l'aisselle opposée de l'adversaire.

Attentifs et penchés l'un vers l'autre, ils se lisent dans les yeux, se tendent des piéges, essaient des surprises : toutes les précautions sont d'abord éveillées. Les jambes écartées, ils tournent lentement, ménageant des points d'appui. Chacun attend, provoque une attaque imprudente, pour en profiter à l'instant. Sûr de la supériorité de ses forces, Yan Bras tente de se rapprocher de son antagoniste. Il veut se placer hanche à hanche, et ferme dans cette attitude, où le plus fort a l'avantage, il s'opposerait à Pogam comme un roc inébranlable, autour duquel il le ferait rouler, par un mouvement de *cliquet-zoon*. L'adroit Pogam a tout prévu ; il saute légèrement en arrière, et riposte par un *peeg-gourn* plus habile. Sa main gauche a saisi Yan Bras au collet, l'avant-bras en travers sur le cou, et lui relevant le menton. Prompt comme la foudre, il a passé toute la longueur de sa jambe gauche entre celles de son adversaire ; les jarrets plient et s'accrochent : celui de Yan Bras est vivement ramené en avant, tandis que Pogam, de tout son poids et de tout son élan, se précipite comme un bélier sur le haut du corps pour le renverser en arrière. Cet assaut vigoureux composé de mouvemens complexes, combinés, instantanés, rend la chûte de Yan Bras inévitable. Yan Bras l'a senti : il faut tomber sur le côté pour recommencer le combat. Il se retourne et se jette. Les juges proclament qu'il n'y a pas *lamm*. Aux réclamations des gens de Scaër, le public répond : *Costinn, costinn.*

Il faut s'arrêter pour reprendre haleine, arranger ses vêtemens, renouer ses cheveux. Un nouveau signal ne se fait pas attendre : alors tout calcul a cessé ; les lutteurs se ressaisissent avec rudesse, dominés par l'ardeur de poursuivre un succès ou de venger une chûte. Plus de précautions ; la colère les exclut. Des cris, des applaudissemens, des gourmades partis de tous côtés, viennent encore allumer leur sang. Ils s'étreignent à perdre haleine, se poussent d'un bout à l'autre ; les chemises tombent en lambeaux ; chacun veut épuiser l'autre, l'étourdir à force de secousses, le faire tomber de fatigue. Haletant, couvert de sueur, les yeux saillans, les lèvres pourprées, Pogam ne peut tenir long-temps : c'est une place battue en brèche ; mais il résiste encore. La résistance a toujours un vague espoir de salut.

Il est temps d'en finir, dit Yan Bras d'une voix mugissante. Soudain, dans ses deux mains, comme dans un étau, il serre le bras droit de son adversaire; puis, reculant un peu, le tire brusquement en avant. Pogam, presque défaillant, se laisse entraîner. Mais, dès qu'il soulève une jambe, Yan Bras guette le temps, et du tranchant de son pied droit, lancé comme un faux, il balaie l'autre jambe, déplante le malheureux lutteur, qui ne tient plus au sol ; puis, ainsi soulevé, le fait pivoter sur lui-même et tomber à plat sur le dos.

Un beau *toll-scarze*, s'écrient les juges !

Les gars de Fouesnan ont bientôt forcé la lice, au risque de broyer sous leurs pieds le malheureux Pogam, encore gisant. Yan Bras, enlevé sur les bras et sur les épaules, comme sur des pavois, est présenté aux applaudissemens et à l'admiration de l'assemblée.

Une nouvelle joute s'annonce : Favennec et ses compagnons, armés de leurs fouets, dégagent la place en criant : *Linç, linç,* (11). Yan Bras veut combattre encore ; il est auprès de l'arbre, et détache un bonnet de couleur fauve ; mais il a perdu son calme et sa gravité : il agite les bras avec orgueil, provoque à haute voix tous les étrangers ; aucun ne bouge, on craint le sort de Pogam. — Lâches! crient les curieux désappointés, auriez-vous peur d'un homme qui tombe de fatigue ? — Piqué de ces reproches, un élève de Maléfan, le jeune Talhouarn, de Kernevel, se présente et lui touche l'épaule. Les préliminaires accomplis, sans négliger aucun ancien usage, on en vient aux prises.

Contre les forces gigantesques de Yan Bras il faut appeler toutes les ressources de l'art : un élève de Maléfan n'en peut manquer. Tous deux, les mains élevées, se tirent au collet, puis, les reins en arrière, tournent rapidement sur leurs pieds réunis comme un centre commun. A l'improviste,

Talhouarn lance un coup du pied gauche pour faucher l'adversaire par un *toll-scarze;* en même temps il essaie de se jeter en arrière en l'enlevant violemment. Yan Bras ne bronche pas plus qu'un men-hir. — Toi, te jeter de côté, sans lâcher prise, et tout en tombant lancer Yan Bras par dessus ta tête pour l'alonger sur le dos derrière toi ! Toi, faire sauter le corps de Yan Bras comme celui d'un nouveau né qui joue avec sa mère !... Attends.— Dans une de ses grandes mains il serre les deux mains de Talhouarn, qui cherche en vain à se débarrasser ; puis, se retournant vivement, il le charge sur ses épaules comme un sac de blé. Talhouarn, sans point d'appui, agitait les bras et les jambes comme un homme qui se noie. Yan Bras le fait rudement sauter, le balance pour le saisir au milieu du corps ; puis, d'un effort terrible, lui fait décrire un cercle les jambes en l'air, vous diriez une aile de moulin, et le jette sur le dos devant lui. — Tu montreras, lui dit-il, ce *peeg-gourn* à Maléfan.

Un frémissement d'effroi parcourt l'assemblée ; on enlève Talhouarn tout étourdi ; les conversations deviennent bruyantes. Autour de l'arbre les juges délibèrent. Margaïte questionne ses voisins.—Yan Bras est fatigué, dit-elle ; va-t-on le laisser lutter encore ?—Alanic accusait les retards et bondissait d'impatience. Enfin les juges reprennent leur place, et Naël, en leur nom, s'adresse à Yan Bras : — Tu as donné deux *lamm* et reçu deux prix ; prends encore un bélier, mais fais place à d'autres lutteurs. — Yan, sans dire un mot, va détacher l'animal, et s'en retourne lentement vers la vieille souche de chêne contre laquelle il s'appuie, comme s'il n'avait jamais songé à la quitter.

Rien ne retient plus Alanic ; il paraît dans le cercle, détache l'autre bélier, puis, le tenant par une corne, il fait le tour avec fierté.

On admire sa noire chevelure, sa taille dégagée: beau jeune homme, disent les femmes de toutes les paroisses, mais bien jeune ; quel dommage, si quelque grand lutteur lui faisait mal ! *Chom sahue*, crie une voix qui sonne comme un tuyau d'airain ; elle a quelque chose de glacial. Alanic remet le bélier, se prépare à l'attaque. Aussitôt se présente un homme qu'on n'a vu nulle part ; un homme au teint cuivré, à la figure d'oiseau de proie ; sans ôter sa chaussure, sans prononcer de serment, sans faire le signe de la croix, il se rue sur Alanic. Le jeune homme, étourdi, fasciné par l'impétuosité de l'attaque, est presque renversé du premier choc. Plus léger qu'un chevreuil, il saute en arrière et reprend quelque avantage. — Qu'est ceci ? disait-on. Malheur au pauvre Alanic ! —

Le fougueux inconnu le retenait comme avec des serres, et lui meurtrissait les épaules. L'intrépide jeune homme résiste hardiment, renouvelle tous les genres d'attaque; mais, pressé par son terrible ennemi, qui lui enfonce dans la poitrine un menton plus dur que l'acier, ses reins fléchissent et se plient cruellement. Près de là Favennec et Margaïte ont senti l'haleine de l'inconnu chaude comme la gueule d'un four.— C'est le diable ou un damné, dit-elle, on ne lui voit pas les pieds;—en même temps, d'un mouvement spontané, elle retire son *louzou*. Favennec le lui arrache, et le met sous les pieds d'Alanic, qui vient de puiser de nouvelles forces dans un regard de la jeune fille, sans se douter du secours mystérieux qu'elle lui prête, aux dépens de son repos.— O mon Dieu! mon Dieu! dit Margaïte à voix basse, ayez pitié de mon âme, me voilà perdue pour toujours!—Dans son trouble elle ne voit plus rien.

Le combat devient plus égal: Alanic s'est roulé comme un serpent autour de son ennemi, qui vainement essaie de se dégager, et bondit en l'enlevant de terre; mais par un furieux et dernier effort, le jeune homme le pousse et le renverse. L'inconnu se relève, s'enfuit; on ne l'a plus revu. Tous les honneurs de la journée sont pour Alanic; mais il ne croit les devoir qu'à lui-même.

Margaïte garde un morne silence ; puis elle court à travers les champs, les yeux fixés à terre. Favennec la suit à perdre haleine, veille sur elle et tâche de la ramener.

IV.

Le Retour. — L'Exorcisme.

Le jour tombe, et la petite troupe que nous avons suivie à l'arrivée du Moustoir, est en marche pour le retour. Les graves événemens de la journée alimentent la conversation. Comme un général qui, du haut d'une montagne, a vu le choc de deux armées, Naël discute avec un détail minutieux ce que les luttes de Scaër ont présenté de vicissitudes. Ne lui demandez rien de ce qui se passe autour de lui ; une seule idée le possède. A l'étendue, à la vivacité désordonnée de ses gestes, à la variété pittoresque de ses attitudes, à la chaleur de ses discours, vous devinez qu'il s'agit des *peeg-gourn* qui viennent d'illustrer Yan Bras, ou du lutteur impie qui a caché des pieds probablement fourchus.

Miguélic et Guénaël s'étaient approprié le bélier. A vrai dire, ils marchaient comme des troupes irrégulières, et la pauvre bête se trouvait fort gênée de l'excès de leurs soins : tantôt ils la faisaient courir, en tirant sur une corde qui lui serrait le cou, et puis ils s'arrêtaient tout court, cassaient des sommités de saule, et revenaient les lui donner bon gré mal gré. L'un d'eux tenait la tête en hochant les cornes ; l'autre écartait les mâchoires et poussait des poignées de feuilles que l'animal, étouffant d'abondance, ne suffisait pas à broyer ; mais les principaux personnages de ce petit drame avaient bien d'autres pensées.

Malheur à moi, disait en gémissant Margaïte, qui s'était tenue en arrière ! Malheur à moi, le pacte est fait, voilà le feu de flammes ! Tailleur, tu m'as perdue ; que vais-je devenir?

FAVENNEC.

Patience, Margaïte ; le bonhomme Naël sait-il toujours ce qu'il dit? N'as-tu pas sauvé Alanic?

MARGAÏTE.

Et que fera-t-il maintenant d'une damnée, le malheureux? Qu'il s'en aille avec toi; laissez-moi seule, le diable saura bien me trouver.

En même temps elle jette de côté des regards effarés, comme pour voir si rien n'arrive. Un frisson lui traverse le corps : si parfois elle semble tranquille, le serrement convulsif, le froid glacial de ses mains, les plis de son front, les ondulations de ses sourcils, font juger que l'orage dure encore.

Alanic ne savait pas que pour l'arracher aux griffes d'un être malfaisant, Margaïte s'était dévouée corps et âme. Cet abattement, ce deuil, cette obstination à se tenir éloignée, il ne pouvait les concevoir. Voulait-elle donc l'abandonner? Qu'avait-il fait pour lui être devenu odieux en un instant? Il ne savait que résoudre. Pourtant, sur un signe de Favennec, il s'approche, l'âme bien triste. Comme il allait parler, Margaïte s'enfonce dans son capuchon, et s'écrie en tremblant : — Ne l'avez-vous pas vu? comme il agite ses deux ailes noires! Je l'entends grincer des dents, j'ai senti sa griffe; cachez-moi; au secours! je tombe dans un puits. — Elle s'accrochait au bras du tailleur.

FAVENNEC.

Allons, pauvre Margaïte, c'est la première fois que tu fais tant d'honneur aux chauves-souris, laisse-les tournoyer tout à leur aise; cela n'est pas dangereux quand la frésaie ne crie pas et que les pies ne tiennent pas conciliabule... Ça, mes enfans, ne pensons plus à tout cela; revenons à la gaîté. Alanic, si tu veux nous chanter quelque chose, cela nous remettra le cœur.

ALANIC.

Oh! Margaïte ne veut plus de moi; que chanterai-je, si ce n'est l'air de ceux qu'on abandonne?

— J'avais choisi une jeune fille, une jeune fille que j'aime toujours, mais, hélas! mon pauvre cœur, la jeune fille m'a délaissé.

Quand je croyais être aimé, mon cœur était bien joyeux; maintenant que je suis détrompé, mon cœur est bien affligé.

Douce enfant, quand je serai seul, si tu me vois, ne me parle pas, car tes paroles feraient trop de peine à mon cœur.

Quand j'entends une tourterelle chanter sur la branche, je dis : La tourterelle est joyeuse, sa compagne n'est pas loin.

Douce enfant, quand je serai mort, tu viendras sur ma pierre, et tu diras : C'est la pierre d'un jeune homme mort d'amour (12).

Ce chant mélancolique arracha quelques soupirs, quelques larmes à Margaïte, mais ne la rendit pas à elle-même. On eût dit qu'elle n'était plus de ce monde. Elle se laissait machinalement conduire par Favennec, qui seul pénétrait tout ce chaos de sinistres pensées, et s'évertuait à ramener partout le calme et la sérénité. Jusque là ses efforts avaient été malheureux. Ne sachant plus que tenter, il s'adresse à Naël. — Bien parlé, bonhomme : mais tu jettes facilement les gens dans la chaudière. Pourquoi tant crier contre le *louzou* ? Nos pères ne s'en servaient-ils pas ?

NAËL.

Qui sait mieux que Naël à quoi s'en tenir ? Le *louzou* fortifie le corps en tuant l'âme. — Margaïte ne peut plus marcher ; les jambes lui manquent ; elle tombe sur une pierre.

FAVENNEC (*avec intérêt*).

Voilà Margaïte bien fatiguée; arrêtons-nous... Pourtant, bonhomme, tu auras beau dire, je sais qu'il ne faut pas fouiller dans les reliquaires, ni gratter les os, ni rien signer de son sang; mais moi, j'ai vu le trèfle à quatre feuilles mettre en fuite le diable lui-même.

NAEL.

Tu es un habile homme, tailleur; je sais tout cela mieux que toi. As-tu jamais vu le trèfle à quatre feuilles? Il est bien rare. Regarde-le quand tu en trouveras; tu verras qu'il forme la croix de notre seigneur saint André, celle qui est sur le carreau du chœur. Ah! sûrement, le trèfle à quatre feuilles ne damne personne, parce que c'est toujours *le signe de la croix*.

Vous n'êtes pas sans avoir senti le cauchemar, ou certes vous en avez entendu souvent la description. C'est une des théories que la science moderne a le mieux approfondies. Vous n'ignorez donc pas que des milliers de larves, de goules, de farfadets, et même de courils, viennent alors rouler, des rochers sur votre poitrine, et former en s'asseyant dessus des monceaux de figures diaboliques toutes prêtes à vous dévorer... Vous savez aussi combien le sang est rafraîchi, quand le rêveil vient enlever du même coup les monstres et la lourde montagne. Eh bien ! vous pouvez dire tout ce qu'éprouva Margaïte aux paroles de son père. La voilà qui se lève et qui rabat son capuchon.

Favennec, plus fier que s'il eût ressuscité un mort, se dresse, tourne son chapeau la pointe en l'air, et se gonfle les joues. Alanic se rapproche ; on ne ressent plus que le bonheur d'une journée si glorieuse pour le quartier du Moustoir. . .

. . . .

Les pommiers pliaient sous leurs faix. Le cidre fut abondant et de bonne qualité. Quelques mois écoulés, il y eut à Poulbran une belle noce, où s'égayaient trois cents joyeux convives. Favennec en faisait les honneurs... Comme bien vous pensez, on y causa de luttes. Là se trouvait le vieux Tugdual, âgé de cent trois ans, et tout près son ami Kerihuel, plus *jeune* d'un demi-lustre. Tous deux étaient venus bien assis sur de petites haquenées grises, bien escortés de leurs enfans, petits-enfans, arrière-petits-enfans, bien joyeux d'avoir encore une fête : à eux les honneurs... Chacun chargeait un verre de cidre, le buvait à moitié en disant : — *Bonne grâce, grès mat.* — Les vieux répondaient : — *Buvez avec santé, éhuet guet ihet*, et ne refusaient pas de boire le reste, selon la coutume. — De demi-verre en demi-verre, la tête s'échauffa, les années reculèrent. — Dam ! mon vieux, dit Tugdual à Kerihuel, il y a soixante-quatre ans que je te donnai un fier *lamm* à la foire de Mériadec. — Un *lamm!* ce n'était qu'un *costinn*, répond Kerihuel. Demande à Yvon. — Yvon est dans le trou de terre. — Demande à... — Plus de témoins, mon vieux ; il faut recommencer... — Soit...

Voilà nos deux bonnes gens sur le pailler où Miguélic et Guenaël faisaient naguère leurs premières armes ; voilà deux siècles aux prises, et de chaque côté trois générations qui leur crient : — Tiens bon !

Leurs tremblottans efforts n'avaient rien de bien alarmant. Tous les enfans s'empressaient d'amonceler des bottes de paille à l'entour, pour adoucir la chute des centenaires : aussi tombèrent-ils très posément ; mais Kerihuel tomba dessous. — Tu vois que je n'ai pas perdu mes forces, dit Tugdual, quand on l'eut relevé... Tiens, mon vieux, embrassons-nous, je crois bien que nous ne lutterons plus. — On les rapporte, et, chemin faisant, Tugdual disait en riant tout bas : — Hem ! j'ai encore battu le vieux une fois avant de m'en aller (13).....

. . . .

. . . .

Naël, nous le savons, est revenu plusieurs fois

sur les dangers auxquels il n'échappa que par miracle. Pour un récit complet et suivi de ces merveilles, il faut avouer qu'il ne l'a jamais donné; chaque fois qu'il a voulu l'entreprendre, un enthousiasme lyrique est venu jeter le désordre dans ses paroles. Rassembler les traits épars échappés à son improvisation, c'est tout ce que nous pouvons tenter, dans l'intérêt du lecteur curieux de connaître les aventures et le caractère saillant de Naël.

V.

La Magie. — Les Réprouvés.

Sur la route de Scaër à Poulbran cheminait, il y a trente-cinq ans environ, un jeune paysan, qui ne sortait par intervalle d'un profond abattement que pour donner les signes d'une extrême agitation. Sans doute il venait de traverser quelque fâcheuse aventure. Au risque de briser ses sabots, il en frappait les pierres du chemin et les faisait rouler devant lui ; de son pennbac'h il battait les talus. A voir les lambeaux de sa chemise, le désordre de ses cheveux qui lui retombaient sur les yeux, la boue qui plaquait ses épaules, ses genoux et ses bragaw, puis quelques soulèvemens de poitrine accompagnés de crispation des poignets et de pincemens des lèvres, on pouvait reconnaître un lutteur malheureux, mais un lutteur qui n'avait été vaincu qu'après une opiniâtre résistance.

Ce lutteur infortuné, c'était Naël, mais Naël au début de sa carrière. Quel serrement de cœur il venait d'éprouver, ce pauvre Naël ! Car, à regarder de près les choses, il n'y a pas de situation plus cruelle que celle d'un lutteur qu'un *lamm* vigoureusement appliqué vient d'incruster dans la prairie. S'il a d'abord l'avantage d'apercevoir toute une moitié de la sphère céleste, il ne tarde pas à être couvert d'une forêt de jambes qui lui passent lourdement sur le corps pour se diriger vers le vainqueur; et puis ce vainqueur, enlevé par la foule et porté en triomphe, lui semble, avec tout son cortège, se dessiner en raccourci sur l'azur du ciel comme sur un plafond ; tandis que lui, enfoncé dans le sol, attend péniblement, au milieu des abordages, le moment de s'arracher à son moule, sûr d'essuyer en se relevant les railleries impitoyables des étrangers, et, ce qui est plus amer encore, les reproches des gens de son quartier. Oh! c'est une situation bien cruelle que celle d'un lutteur couché sur le dos dans la prairie.

Ces souvenirs trop palpitans soulevaient chez le malheureux Naël un tourbillon de tristes images, qui ébranlaient son cerveau déjà contus, et jetaient tous ses sens dans une exaltation fébrile...

Il faisait nuit : et sans qu'on pût dire que l'atmosphère fût battue d'une tempête, le vent soufflait avec force et faisait gémir les sapins et les plantes marines. Des nuages noirs et déchiquetés voguaient devant la lune, qui semblait reculer de frayeur. — Sont-ce des nuages qui courent ainsi, disait Naël? n'est-ce pas plutôt un chapelet de démons? Je suis sûr de n'avoir pas recouru à des sorcelleries ; je me fie au bon Dieu, il aura pitié de moi. — Ainsi fortifié, Naël s'avance avec le vague pressentiment qu'il n'échappera pas à quelque événement surnaturel, et, comme tout homme qui sort d'une souffrance, bien résolu à n'attendre de secours que de celui qui ne trompe pas.

Pour aller de Scaër au Moustoir, il faut traverser la vallée de Goël, vallée très mal famée. Bien que la nuit ne fût pas obscure, Naël, qui connaissait tout ce que l'on raconte aux veillées, n'approchait pas sans quelque frisson d'un lieu habité par des esprits malfaisans. Il suffisait, d'ailleurs, de jeter les yeux autour de soi pour concevoir que cette vallée était réservée à des choses extraordinaires.

Entre deux collines qui se prolongent vers la mer, et dont le cours tortueux, bordé de grottes profondes, est défendu par des rochers obliques et tranchans, se développent en suivant les sinuosités du terrain, deux files de peulvans fichés en terre comme des obélisques retournés. Leur tête a blanchi sous les siècles; quelques-uns sont renversés de leurs bases et brisés en fragmens. D'où viennent ces brisures? La suite de cette histoire jettera peut-être quelque lumière sur cette question.

Tout respectables qu'ils sont, ces peulvans excitent moins d'étonnement qu'un monticule élevé au milieu de la vallée et terminé par quatre sommets mamelonnés : on dirait quatre monticules confondus seulement par leurs bases. Ce n'est pas une œuvre de la nature, mais bien de la main de hommes, ou de la puissance des esprits, ou mieux encore, de quelques êtres fantastiques, si nombreux dans ces contrées. Sur les côtés son creusés des terriers, dont on n'a jamais pu sonder la profondeur. Quand les lapins, les chiens les furets, les belettes, ont le malheur d'y entre une fois pour atteindre une proie ou éviter un en nemi, on ne les en voit plus sortir ; mais on entend au fond et comme des entrailles de la terre, les cris, les hurlemens, les glapissemens de ces pauvres animaux, déchirés, tourmentés par des esprits infernaux.

Les bons paysans connaissent la destination de ce monument tétrafide ; ils savent que c'est la métropole des Osignanets, des Tourignanets, des Courils, des Poulpiquets, toutes tribus de la même famille ; famille souterraine, traçant son chemin comme des taupes, peuple léger, dansant, frétillant, plein de ricanement et de malice.

Naël descendait la colline en se soutenant doucement aux mélèzes dont il craignait d'agiter le feuillage. A peine osait-il souffler. Arrivé au fond, il aperçoit un mouvement étrange avec un bruissement inexplicable autour du *Galgal* et le long des crevasses qui déchirent le flanc des rochers. C'était une innombrable fourmilière de Courils qui sortaient de leurs cachettes, comme des crustacés à mer basse ; puis ils s'entr'aidaient pour gravir la colline et se perchaient sur les branches des mélèzes. Leurs yeux brillaient comme des vers luisans, et lançaient au milieu de la nuit une multitude d'étincelles. Ils sautillaient d'une branche à l'autre, à la manière des écureuils ; puis ils trépignaient comme un parterre plein quand le rideau ne se lève pas ; enfin ils semblaient appeler un spectacle extraordinaire.

Naël ne savait quel parti prendre. Toutes les issues furent obstruées en un instant, tous les buissons occupés : essayer de s'ouvrir un passage, c'eût été folie. Malgré l'exiguité de leur taille, ces lutins savent combiner leurs monvemens, agir d'ensemble pour envelopper, enlacer, torturer le malheureux qui leur résiste.

Tout bien considéré, Naël se cacha derrière un énorme peulvan, et se mit à tracer une croix sur le sable. Les courils se poussaient, bouillonnaient, alongeaient le cou. — Voilà qu'un rugissement se prolonge dans la vallée ; bientôt deux fantômes géans apparaissent au tournant des deux collines opposées ; ils se lancent des regards furieux. Malgré leurs dimensions colossales et la souffrance empreinte sur leurs visages, Naël reconnaît deux anciens lutteurs qui n'avaient dû leurs succès qu'à des maléfices : c'étaient Pavanec et Boudaü.

Pavanec, après une vie criminelle, avait porté les fers de la justice humaine ; mais les fers ne pesaient pas sur lui. Il savait scier les anneaux, ouvrir les portes, franchir les murs, et paraître à l'improviste au milieu des luttes. C'est que Pavanec possédait un petit livre où se trouvaient des caractères puissans, des figures hideuses tracées par le diable. La dernière page contenait un pacte écrit avec du sang. Pavanec fut toujours vainqueur aux luttes ; mais le temps des représailles arriva. Pendant la nuit, son corps disparut de dessus ses tréteaux. Quelques-uns dirent qu'il s'était échappé de cette dernière prison par ses propres forces ; mais ceux qui avaient l'idée de la justice divine comprirent qu'elle venait d'appesantir sa main sur le coupable.

Quant à Boudaü, il n'avait pas de forces ; à peine pouvait-il battre le blé ; un pâtre l'eût retenu par la ceinture. Cependant, arrivé aux luttes, il terrassait les meilleurs gars. On apprit à quoi tenait ce prodige par une jeune fille qui, poussée de curiosité, se cacha derrière un buisson. Un jour Boudaü se traînait à peine ; il s'asseyait de fatigue sur toutes les pierres du chemin. A quelques pas, dans un verger, paissaient de compagnie des bœufs et des chevaux ; les chevaux bondissaient ; les bœufs, dans une attitude calme et vigoureuse, promenaient leurs mâchoires comme deux meules qui se frottent, et faisaient tourner leurs oreilles noires et mobiles. A cette vue, Boudaü monta sur le talus, tira de sa ceinture un morceau d'écorce de bouleau, traça des cercles interrompus, décompta les nombres... A l'instant les bœufs et les chevaux s'alongent engourdis, posent leurs têtes appesanties sur l'herbe qu'ils n'ont pas la force de brouter, tombent dans une asphyxie apparente. A peine quelques légers souffles indiquent-ils un reste de vie. Qu'étaient devenues leurs forces ? Elles avaient passé dans le corps de Boudaü, qui se mit à rouler de grosses pierres et à déraciner de jeunes arbres.

Au retour, il passe près du même champ, retrouve les animaux couchés dans le même état de faiblesse. Mais à peine eut-il murmuré quelques paroles inconnues, qu'un roulement de tonnerre se fit entendre. Les feuilles furent ébranlées, flétries. Le troupeau se releva brusquement ; il venait de reprendre les forces que pour un temps Boudaü lui avait dérobées.

Comment finit Boudaü ? Très-mal, comme chacun sait. Au pardon de la Trinité, il voulut escalader publiquement le clocher ; mais à peine eut-il porté sa main impie sur la croix de fer qui termine la flèche, qu'il fut repoussé, précipité par une force invisible, et se fracassa le crâne.

Cette digression était indispensable pour faire connaître au lecteur les rôles que Pavanec et Boudaü ont joués sur la terre, et le mettre à même de présumer leur sort dans l'autre monde. Tous les doutes à cet égard, s'il en existe encore, ne tarderont pas à se dissiper.

— Que vont faire de moi aujourd'hui ces êtres si méchans pendant leur vie, se disait Naël, le sang figé dans les veines? Puis il travaillait à creuser dans le sable une grande croix, qui seule pouvait le secourir. Cette opération causa-t-elle aux fantômes quelques nouvelles douleurs ? Cela parut ainsi : car ils s'écrièrent : — Naël, ton tour viendra.

Les deux colosses étaient lumineux ; mais de quelle lumière ! C'était l'éclat sinistre de l'œil de la panthère qui, derrière un buisson, guette sa proie dans la nuit; c'était l'œil du serpent qui fascine une pauvre colombe. Pour vêtemens, ils portaient des bragaw d'un fer incandescent, dont les plis étaient remplacés par une ceinture de lames tranchantes. Plus de peau sur leur chair ; les muscles à nu et dégarnis laissaient voir de hideuses contractions dont chacun lançait une traînée de feu. Dans les interstices de ces cordages vivans, se jouaient, se repliaient des reptiles venimeux qui, comprimés par le rapprochement des chairs, s'agitaient, se tortillaient, tournaient leurs dards contre les membres endoloris, ou bien s'ouvraient des espèces de cavernes, portaient des morsures à l'intérieur et imprimaient une douleur à chaque atôme vivant. Le claquement vibratile des os ressemblait au bruit de dix serpens à sonnettes, et les articulations arides criaient comme la lime contre les dents d'une scie.

Ils se préparent une arène et déplacent les peulvans comme un homme ordinaire pourrait enlever une pierre à aiguiser la faux. Trois fois ils font le tour ; mais de signes de croix, point. Ils se jettent l'un sur l'autre

Alors apparurent, sous une forme effrayante, tous les mystères de la lutte, mais d'une lutte inouie, désespérée. Après des efforts longs et inutiles, leurs têtes, leurs poitrines se pressent, ce double corps prend une forme étrange. Que veut dire cette métamorphose ? C'est d'abord une masse unie par quatre pieds. Prodige affreux ! les deux corps n'en forment plus qu'un seul ; ils se sont pénétrés ; c'est un monstre double et unique, un symbole de la discordance la plus déchirante. Les mouvemens se contrarient, s'arrêtent, se brisent ; un pied se porte en avant, l'autre se jette en arrière, et parfois des efforts gigantesques ne produisent qu'une roide immobilité, hideuse opposition de deux volontés dans le même corps ! Les traits conservent une hybride indétermination. Sur quelques-uns une joie féroce, sur d'autres une douleur poignante, l'expression de la victime et celle de l'assassin. Vous avez vu l'hyène furieuse ronger en hurlant les barreaux de sa cage, et puis se dévorer les pattes et ne laisser pendre à ses épaules que deux horribles tronçons. Vous n'avez encore qu'une pâle image de ce monstre à double souffrance ,.... fureur des réprouvés ! Il tourne contre lui-même ses dents longues et décharnées.

Après tous ces déchiremens, il se relève et marche vers le peulvan, contre lequel se tenait prosterné Naël à demi-mort. *A toi, Naël!* hurle une voix double qui fait trembler le feuillage. Soudain le monstre s'enlace aux membres de Naël, qui, enlevé comme par une trombe et lancé d'une colline à l'autre, semble attaché à un balancier infernal. En même temps les rochers roulent dans la vallée, et les cimes des arbres s'entrechoquent dans l'air.

Au milieu de cette terrible secousse, Naël est parvenu à se tracer avec le doigt une petite croix sur la poitrine. Le fantôme pousse des cris et se contourne comme un serpent sous un rocher ; il s'abaisse jusque sur l'arène. Naël reprend courage et redouble les signes ; bientôt il domine son infernal ennemi et parvient à l'entraîner sur la croix creusée dans le sable. Alors c'est le fracas d'un cratère ; la vallée se remplit de fumée ; Naël est enlevé près de sa demeure, et les deux monstres dédoublés vont servir de roue au char du diable, qui, quelquefois encore, les renvoie désoler le quartier du Moustoir.

Dès ce moment, Naël sentit doubler ses forces ; il fut toujours vainqueur aux luttes ; mais jamais il ne se lassa de répéter :

LE MEILLEUR LOUZOU, C'EST LE SIGNE DE LA CROIX.

ÉTUDE QUATRIÈME.

PARDONS.

I.

Les petites Chapelles. — Les Fontaines.

Parcourez la Bretagne dans toutes les directions, égarez-vous dans les mille sentiers qui serpentent capricieusement à travers ses landes centrales, autour de ses collines rocailleuses, sur la pourpre flétrie des bruyères, comme sur les feuilles glissantes et desséchées des sapins; ou bien, vous rapprochant de l'Océan, au milieu d'une belle culture, traversez, sous des ogives de verdure, ces ruisseaux si gais, si murmurans, si limpides, qui roulent sur un lit de cailloux blancs, depuis les grèves mollement inclinées du Morbihan, jusqu'aux rochers abruptes de la Cornouailles et du Léonais, le long de la chaîne désolée des montagnes d'Arès et des montagnes Noires, comme sur les rives romantiques de l'Aven, de l'Ellé, du Blavet et du Laïta : partout votre vue se reposera sur un grand nombre de croix, de chapelles et de monumens religieux de toute espèce. — Véritable expression de la civilisation, de la croyance et du calme moral qui plane au loin sur ces bonnes contrées.

Il n'est pas sans intérêt d'établir quelque distinction entre ces monumens. Comme dans toutes les autres provinces, il en est qui tiennent de plus près aux grandes époques historiques, et qui doivent leur fondation à la munificence des ducs, des comtes et des évêques : ce sont des cathédrales, des abbayes, quelques églises paroissiales. Ces monumens, qui représentent toutes les phases de l'architecture religieuse, tous les styles, depuis le Roman jusqu'à la Renaissance, en passant par le gothique arabe le plus gracieux et le plus inspirant, méritent bien une description particulière, à laquelle se rattacheront des légendes riches de drame et de poésie.

Sous ce rapport, la Bretagne ne craint aucun parallèle, témoin cette magnifique église du Creisker, à Saint-Pol-de-Léon, chef d'œuvre du génie gothique dans toute sa pureté, dans toute son unité grandiose, dans toute sa tendance vers le haut, dans tout son élancement ogival. Honneur à l'artiste inconnu, qui posa sur quatre colonnes hardies cette vaste tour fendue de huit ogives géantes et resserrées comme des niches de fantômes, et qui, dédaignant toute l'inutilité des saillies latérales, lança en l'air cette flèche légère comme le feuillage d'un peuplier, inondée de lumière comme la tunique d'un archange! Il savait bien que l'apiration chrétienne s'envole au ciel par la plus courte voie.

Mais, avec toute son énergie et sa sincérité, la foi du pauvre laboureur ne peut pas se manifester par des signes qui n'appartiennent qu'à la richesse et à la puissance. L'astre aristocratique une fois éclipsé, ces grands monumens ne trouvent ni qui les fonde, ni qui les entretienne. Ils restent quelque temps debout comme l'intersigne d'un géant qui se meurt. Le voyageur, l'antiquaire, l'artiste, viennent encore leur demander des souvenirs et des inspirations. Mais que la clef d'une voûte s'écroule, que la foudre disperse sur la lande ces magnifiques débris, personne n'est là pour en réparer les ravages. . . Ce sont quelques pierres de plus, sur lesquelles un pâtre viendra s'asseoir, un mendiant dormir, auprès desquelles un poëte voyageur viendra nourrir son harmonieuse mélancolie, tandis qu'un chrétien solitaire psalmodiera au-dessus d'elles : *Vanitas vanitatum!*....

En écoutant le bruit monotone de ces monumens qu'il ne peut soutenir, et qui tombent pierre à pierre comme le sable d'un clepsydre éternel, le pauvre paysan breton laissera-t-il sans asile les objets du culte de ses pères ? Oh non ! Quand la grande église tombera, il bâtira, lui, son humble chapelle, celle qui s'harmonise le mieux avec un amas de chaumières ; et pour cela, il s'en ira par les chemins creux, conduisant laborieusement sa petite charrette, et piquant ses bœufs : il s'enfoncera dans la carrière pour en arracher le granit; il abattra le bel arbre qui ombrage sa demeure; il sacrifiera, sans hésiter, ce vieux compagnon de ses jeux, dont le feuillage frôle si doucement, et sur lequel, enfant joyeux, il s'est tant de fois perché, balancé comme un ramier, en chantant l'appel des moissonneurs. Courses, travail, il n'épargnera rien ; et s'il faut quelques nouvelles dépenses, la gerbe du laboureur ne manquera pas plus que le denier de la veuve.

Oh! quel pieux et doux recueillement elles inspirent, ces petites chapelles que le paysan breton construisit de ses propres mains, sous l'inspiration de sa foi, dans le creux des vallons, au confluent des ruisseaux, quelquefois au milieu des landes, comme un anachorète qui a fait vœu de pauvreté, ou bien sur les hauts lieux, bien près du ciel, comme sur la colonne du désert! Modestes comme la Vierge chrétienne, discrètes et mystérieuses comme elle, que de confidences elles reçoivent du pauvre paysan! quelles ineffables consolations, quelle résignation, quelle sécurité elles lui prodiguent en échange!

La plupart de ces chapelles ont la forme d'un carré alongé; plus rarement d'une croix couchée à terre. Percés d'ogives irrégulières, revêtus de petites pierres qui semblent enlacées dans un réseau de tresses blanches, les murs sont décorés de lichen et de lierre, comme d'une chevelure patriarcale. Sur le porche, quelques images symboliques, quelques attributs du saint patron sont ébauchés dans le granit, et le grenable du pignon supporte une petite arcade, un clocheton surmonté de sa croix de fer, et laissant à découvert la petite cloche que l'on voit, les jours de fêtes, se jouer au milieu des branches, tandis que la corde frotte rudement contre le toit qu'elle traverse.

De chaque côté, pour peu que le terrain ait de vie, se déroulent des allées de frênes et d'ormeaux qui vieillissent comme dans un asile, prolongent et réunissent de larges rameaux pour former un nouvel étage d'arcades au dessus de la chapelle. Ils la cacheraient tout à fait, si le clocheton ou bien un obélisque d'ardoise ne s'élevait pas immobile au milieu de ce massif mollement bercé par la brise.

Les flancs de ces troncs séculaires sont parfois creusés d'une petite niche que défendent quelques tiges en fer. Une sainte Vierge est emprisonnée au fond de cet appareil de végétation, de ce laboratoire de vie, comme l'âme dans le corps ; ou bien les branches courbées, greffées, enlacées en tonnelle, abritent une sainte image, qui, liée pour toujours à leur destinée, se berce des mêmes mouvemens, se repose du même repos, s'ébranle des mêmes tempêtes.

Suivez le sentier sablonneux et bien battu qui se roule et descend la colline ; suivez et ne vous lassez pas, car au bout vous trouverez une petite fontaine bien fraîche, bien pure..... Peut-être celle de Notre-Dame-de-l'Armor. Vous la voyez bien dans sa niche, au ras de l'eau.... Comme elle est près de vous! Vous la voyez encore au fond de la fontaine, parmi l'azur et les feuilles de saule. Elle est au bord de l'Océan, cette petite fontaine, tout à fait au niveau d'une plage bien unie, sur laquelle la marée montante s'avance en courant. Un pignon blanc sert de digue à la grève, et porte du côté qui regarde la mer un large carré noir, point de repaire du chasse-marée ou de la chaloupe du pêcheur.... Courage, courage, pauvre femme du marinier! tandis que d'un côté tu pries la bonne Notre-Dame, que tu accomplis ton vœu ou ta neuvaine, le marinier, voguant au large, a découvert de l'autre le signe du salut : il évite l'écueil, et Notre-Dame-de-l'Armor, enveloppée d'un nuage blanc, emporte en même temps au ciel la prière du marinier et celle de sa pieuse compagne. Salut, arche de bonne espérance, fontaine à Notre-Dame-de-l'Armor !

Parfois les fontaines consacrées, comme pour échapper à toute profanation, ont été renfermées dans l'enceinte même des églises, ou bien cachées au fond des cryptes souterrains. C'est dans les flancs d'une colline, au milieu des murs écroulés, sous l'archivolte à demi-ruinée de quelques arceaux gothiques, que le pélerin, en écartant le dôme neigeux des sureaux, va puiser l'eau miraculeuse de la fontaine de Lochrist. C'est en descendant long-temps dans une obscurité profonde, comme dans le puits des mineurs, qu'il parvient au rocher d'où jaillit la source de Saint-Dourlo, source qui guérit les blessures, les contusions, les noûures des petits enfans. C'est au-dessous de la vieille église de Lanmeur, en traversant des voûtes basses, des pleins-cintres surbaissés, en tournant autour des piliers massifs, qu'il trouve, dans une grosse pierre creusée de main d'homme, une fontaine dont l'antiquité échappe à toutes les traditions : vestige unique de l'ancienne ville de Kerfeutan. A une époque indéterminée, il existait aussi un puits miraculeux dans cette florissante ville d'Is, dont le peuple a gardé le vague souvenir. Ce fut lui qui lança des montagnes d'eau sur une ville coupable, comme un volcan lance des flammes. Par un temps clair, sur une mer bien calme, ceux des matelots qui ont la vue perçante, et qui, penchés sur leurs bateaux, se plaisent à regarder les poissons jouer au fond des eaux, aperçoivent, dit-on, tout à fait dans les profondeurs de la baie de Douarnenez, la pointe des clochers, et quelques traces des murailles de la ville engloutie par ces cataractes souterraines.

Faut-il donc s'étonner de toutes les vertus que

les peuples attribuent aux sources, aux courans, aux fontaines, lorsqu'on voit de grands philosophes annoncer que l'eau est le principe, l'élément générateur de toutes choses ? Quand l'homme a laissé s'obscurcir la tradition d'une cause unique et créatrice, quand il a perdu le grand mot de l'énigme du monde, il projette sa personnalité sur tous les phénomènes que lui présente la nature. Voit-il une fontaine, toute vivante de lumière, arriver d'un monde qu'il ignore, et, par une prodigieuse fécondité, par une sublime consonnance, animer, reproduire en son sein toutes les harmonies qui l'environnent ? Alors il se purifie, se prosterne devant la puissance inconnue; puis, quand au fond de la fontaine il voit un ciel pur, des nuages d'argent, des montagnes d'azur, de riantes moissons, comme sur les rives de Thessalie, il y place une nymphe gracieuse qui verse les bienfaits de son urne dans la coupe du voyageur. Mais si, comme nos rudes ancêtres, sur sa tête comme au fond des eaux, il n'aperçoit que l'escarpement des rochers et la sombre horreur des forêts agitées sous un voile de brouillards, alors c'est un redoutable génie qui devient le dieu de la fontaine. Ces mythes naturels, ces divines métaphores pénètrent profondément l'esprit des peuples, et plus tard, quand l'heure est venue, ce n'est pas sans effort que les missionnaires d'une vérité plus pure ébranlent des idées puissamment associées au spectacle du monde.

Aussi, les hommes apostoliques qui vinrent éclairer la Bretagne se gardèrent-ils bien de heurter de front de pareilles croyances, et de les renverser de vive force ; mais ils les détournèrent lentement de leur première direction. Loin de rejeter les signes pris dans la manifestation des forces de la nature, ils en firent le véhicule d'une doctrine pure et nouvelle, et les rattachèrent à Dieu et aux esprits bienheureux... Ainsi, dans le mur de la fontaine comme dans la substance de l'arbre, se creuse la niche du saint patron ; ainsi, une église est bâtie sur le crypte obscur qui recèle des eaux consacrées ; le vieux chêne est enchâssé dans les murs de la chapelle, le menhir est taillé en croix, et les cérémonies du culte, devenues insensiblement symboles d'un ordre supérieur de conceptions, conservent, en les sanctifiant, quelques-unes des formes antiques. Mais si le peuple s'égare dans ses pensées, un pieux évêque s'écrie aussitôt : « Mes amis, il n'y a pas de religion dans ce lac ; ne souillez pas vos âmes par un culte insensé, mais plutôt connaissez Dieu. »[1]

---

[1] Grég. de Tours.

II.

L'Invocation. — Les Troupeaux.

La chapelle, les arbres, les fontaines sont un centre moral, centre d'invocation, de secours, de consolation de chacun des quartiers qui divisent la paroisse : touchante organisation qui vivra long-temps encore. Chaque paysan se voue en toute confiance au saint protecteur du quartier : c'est l'âme de ses espérances ; il le cite avec orgueil, et cette idée dominante et commune associe les hameaux voisins, et les constitue en un petit clan subalterne qui se rattache à la paroisse comme à la mère patrie : la paroisse est toujours suzeraine.

Au milieu de cette diversité, de toutes ces nuances locales, il est quelques faits, quelques opinions remarquables qui opèrent la fusion et cimentent la nationalité de toutes les parties de la Bretagne, toujours sous l'influence vivante d'une idée pieuse, organisatrice, inébranlable, qui ne varie que dans les formes.

C'est une longue et pénible tâche que celle d'intercéder pour l'homme dans toutes ses douleurs. Quel esprit bienheureux pourrait la supporter à lui seul ? Marie, hâtons-nous de le dire, Marie, Vierge fidèle, refuge des pécheurs, en prend bien la plus grande part. Sous mille dénominations plus douces que la lumière de son auréole, elle guérit les misères du corps, et verse du baume sur les blessures de l'âme. C'est Notre-Dame-Marie-de-l'Armor : *Intron Varia ag en Arvor.* — Notre-Dame-Marie-de-Clarté : *Intron Varia Sclerder.* — Notre-Dame-Marie-de-Vérité : *Intron Varia Guirioné.* — Notre-Dame-Marie-de-Pitié : *Intron Varia Truhé.* — Notre-Dame-Marie-de-Vrai-Secours : *Intron Varia guir Sicour.* . . .
. . . .

Néanmoins les saints trouvent bien encore à répandre leurs bienfaits : le champ est assez vaste. Oh ! quand il s'agit de douleurs, on peut compter sur la nature humaine. Mais chaque esprit bienheureux a établi le foyer de sa sainte assistance dans quelque lieu favorisé. Il l'a spécialement attribué à quelques reliques, à quelque image miraculeuse, à quelque objet sensible. C'est là qu'il faut l'implorer, cette sainte assistance ; c'est le pélerinage qui la procure. C'est encore le pélerinage qui réchauffe les âmes, qui réunit les peuples, qui les mêle par des rapprochemens intimes, fréquens, d'une nature surhumaine, et qui chaque jour de l'année les fait vivre des mêmes prières, au milieu de l'unité catholique. La multiplicité des chapelles avec leurs vertus particulières est une sorte d'assurance contre les maux de la vie humaine ; et comment les quartiers pourraient ils être foncièrement divisés, quand leurs patrons s'unissent comme les ministres invisibles de celui qui *passa en faisant le bien?*

On va chercher à Saint-Dourlo des remèdes contre les chûtes, les contusions, les plaies ; on va le prier d'arracher au cancer ses griffes déchirantes, son immonde venin, ses éclairs de douleur.

On conduit à saint Colomban le pauvre aliéné, qui se débat comme sous l'aile hideuse du démon. On le met debout contre une pierre, débris énorme d'un culte mort, aujourd'hui consacrée par un touchant usage ; ce dolmen est percé d'un trou par lequel le malheureux, balbutiant des mots inconnus, passe un front soucieux et livide pour recevoir l'étole de l'autre côté, tandis que ses parens, à genonx, appellent avec ferveur les grâces du Saint-Esprit. La statue de saint Colomban étend son bras sur cette famille prosternée, et semble lui donner une bénédiction qui ne cesse pas.

Voyez cette petite chapelle qui, du haut d'un rocher coupé à pic, se penche si gracieuse, si légère vers les eaux du Scorff. Comme ses voûtes résonnent du bruit cadencé du marteau des calfats, de ces longs marteaux de bois qui, dans les chantiers du *Cawdan*, tombent sur le flanc des frégates comme une grêle retentissante ; regardez cette maîtresse vitre, ces pignons aigus et dentelés qui jouent avec la lumière à travers la demi-transparence des feuilles d'acacias : c'est le séjour du grand saint qui porta l'enfant Jésus par-delà les torrens.... Et moi aussi je vois avec peine l'œuvre d'une sculpture vulgaire et sans portée remplacer ce grand saint Christophe, ce menhir surmonté d'un petit enfant, ce géant, cet atlas d'un dieu. Il y avait là une belle idée, en regard de laquelle le peuple breton a placé un sentiment plein de charmes : c'est le grand saint Christophe qui apprend à marcher aux petits enfants ; on les lui conduit pendant les trois premiers lundis de mai.

C'est plaisir, en vérité, de suivre de l'œil cette petite fourmilière d'enfans aux joues pendantes, aux cheveux blonds, bouclés sur la soie cramoisie d'un bonnet à quartier, décoré par derrière d'un petit gland d'argent. C'est plaisir de les voir si joyeux de se trouver ensemble, en plein air, sous un beau ciel, si étonnés de se voir poser une étole sur la tête. Soutenus par leurs jeunes mères, ils s'agitent, se balancent sur leurs grosses petites jambes, s'arrêtent pour se faire des joies, pour s'embrasser. Vous diriez une troupe d'oiseaux-mouches apprenant à voler dans une corbeille de verdure.... Et le tourment des jeunes mères, qui portent avant le temps leurs enfans au bon saint Christophe ! Oh ! s'ils pouvaient marcher ! Il y a tant de battemens de cœur à voir poser à terre, non seulement le délicieux petit soulier rose de la Esméralda, mais le petit sabot du paysan bas-breton !

Comment énumérer tous les bienfaits des saints? La liste en serait inépuisable, et le bon paysan le sait bien. A la procession du *Trovini* (Tour de la montagne), saint Rénan est invoqué pour l'augmentation des familles, cár on désire beaucoup d'enfans dans ces familles simples et laborieuses. Saint Philibert de Moëlan reçoit des vœux plus mystérieux encore : on implore sa protection pour la réussite des mariages. Saint Roch, saint Laurent, saint Michel, guérissent la fièvre, la brûlure, la rage.

Dans une religion qui prescrit la prière au fidèle, pour le maintenir sur les hauteurs de la reconnaissance, et qui lui répète incessamment : — Tu demanderas ton pain de chaque jour, — peut-on trouver étrange que le paysan breton ait recours à la bonté des saints pour la conservation, la santé, l'accroissement de ses troupeaux ? Oh ! si dans tout cela quelque chose peut surprendre, c'est qu'une pareille coutume ait donné lieu à d'améres dérisions. Et qu'a-t-elle donc de si ridicule, cette pauvre femme qui, exténuée de misères, se traîne vers le saint de son quartier, pour le prier de conserver une vache qui la nourrit, elle et ses petits enfans ? Ceux qui ont vu les ravages d'une épizootie dans les campagnes, l'épouvante et la désolation qui marchent avec elles comme un sombre cortège, laisseront toutes leurs arguties philosophiques, et suivront, eux aussi, le pélerinage.

Aussi, de toutes les parties de la Basse-Bretagne, s'empresse-t-on d'accourir au pardon de saint Corneli, le grand protecteur des troupeaux.

Là, des gens de toutes les paroisses. Les hommes d'Auray, de Ruys, d'Ardeven, de Baud, avec leurs bragaw étroits, leurs guêtres brunes, leurs larges habits fendus à quatre pans, et garnis en avant d'une longue rangée de boutons de poil de chèvre. Ceux de Plouescat, avec leurs vestes arrondies, échancrées, leurs petites calottes bleues, et leur costume en tout semblable à celui des Grecs modernes. Ceux de Guiscriff, de Querrien, de Lochrist, serrant étroitement leurs bragaw-bras à la ceinture, mais les laissant flotter, s'élargir outre mesure, rayonner à plis d'abord pressés, puis divergens comme des feuilles de glayeul, pour se réunir et s'arrêter au dessous du genou. Vous remarquez aussi ceux de Pont-Labbé avec leurs deux gilets inégaux terminés par un cercle de festons tournant à double étage.

Tous, le cou découvert, laissent ruisseler de longs cheveux qu'ils séparent sur le front, et ramènent fréquemment derrière les oreilles ; tous portent le *juppen* court, les souliers bouclés, les guêtres coupées à la cheville, et garnies de petits boutons sphériques noirs ou plombés; la ceinture de cuir noir ou jaune, le chapeau rond à cuve convexe, relevé sur les bords, cerné d'un cordonnet rouge et blanc, qui, chez les jeunes élégans, soutient une plume de paon, et chez les enfans une couronne de primevères ou de bluets.

Pour tous le *penn bac'h* est une arme obligée, mais variable dans ses dimensions comme dans ses usages. Aussi utile au repos qu'à la marche, il leur sert à s'incliner, à se balancer, à se soutenir, à se poser négligemment les jambes croisées, le corps jeté en avant ; il sert encore quand on est à genoux, car il appuie le menton, le chapeau, les mains jointes et le chapelet.

Ces différences de costumes, qui, dans les grandes assemblées, sont pour les paysans eux-mêmes un objet de curiosité, n'arrivent pas sans transitions. On ne trouve d'une paroisse à l'autre que quelques modifications légères qui se prononcent de proche en proche, et qui ne deviennent tout à fait tranchées qu'en s'étendant du Morbihan au centre de la Cornouailles.

Telle est aussi la progression des dialectes : d'abord confondus, ils changent graduellement de terminaisons, adoucissent les gutturales, laissent échapper une partie de leurs analogies, et passent de l'âpreté tudesque à la douceur méridionale. Mais ces différences n'ont rien de profond : elles disparaissent devant les sympathies nationales ; aussi, toutes les paroisses se réunissent-elles aux pardons renommés et viennent-elles de grand cœur auprès du bon saint Corneli.

La chapelle du saint n'est autre que l'église paroissiale de Carnac. Son vaste porche est surmonté de volutes détachées, en granit pur, taillées dans le massif des pierres druidiques, et groupées pour soutenir une croix. Non loin le grand saint Corneli, portant sa mître et sa crosse, est placé entre deux énormes bœufs qui semblent chercher un refuge près de lui. A quelque distance, une petite chapelle domine le mont Saint-Michel, véritable *Galgal* élevé de main d'homme, et renfermant probablement la pierre, les cendres et les armes d'un héros des anciens temps. C'est de là qu'il faut regarder la presqu'île de Quiberon, rétrécie, bordée d'écume blanche, et s'alongeant vers la mer sauvage comme un bras immense. On dirait qu'elle veut atteindre la ligne noire que *Belle-Ile* forme à l'horizon ; mais plus d'un naufrage l'en sépare encore..... Puis, le long de la côte se dessinent, en face de l'Océan, onze rangées de menhirs, dont le cours sinueux et parallèle, interrompu souvent par les ravages des hommes, se renouvelle au loin dans les champs d'*Ardevenn*, où l'on voit s'élever encore çà et là quelques têtes grises.

Au milieu de cette immobilité des siècles, s'agite une foule de paysans, traversant les allées de pierre, tournant négligemment autour de ces monumens, et conduisant un grand nombre de petites vaches rouges et noires, qui se font tirer par les cornes.

Si vous demandez aux bons pélerins quelles sont ces pierres qui se tiennent debout comme de vieilles souches, ils ne vous parleront pas de la tombe sans noms des héros chantés par les bardes, ni des replis de l'énorme serpent tyrien que la tempête a jeté sur ces rivages ; ils vous diront : —Autrefois des soldats impies poursuivaient saint Corneli ; lui s'enfuit jusqu'à la mer, car il ne voulait pas leur faire de mal ; mais, pressé toujours, il leur dit : — Arrêtez. — Les voilà ; ils n'ont pas bougé depuis !....

Assis contre ces menhirs, les pélerins se lèvent par intervalle, et tournent avec l'ombre en attendant la procession du soir : c'est là qu'ils conduiront leurs vaches, sur les dalles de la fontaine, en face de l'image du saint. C'est là qu'en sa présence elles boiront l'eau miraculeuse qui leur fera donner abondance de beurre et de lait. Cette célébrité, ce concours, n'appartiennent qu'à quelques églises privilégiées.

Revenons à nos petites chapelles.

III.

L'Hospitalité. — La Procession.

La fête — disons mieux, conservons une dénomination touchante, intime, toute chrétienne — le Pardon du quartier approche: encore huit jours. C'est le moment de s'entourer de ses amis : qu'ils viennent donc, qu'ils s'empressent de partager les faveurs du saint patron et les douceurs de l'hospitalité sous le chaume. Surtout, qu'il y en ait beaucoup, beaucoup.... Cela fait honneur. Et puis, le cœur se dilate, à les voir tous assis, pressés sur l'âtre de son foyer, joindre leurs mains, échanger leurs vœux et se dire simplement *grœs mat,* bonne grâce; *éhuet guet ihet*, buvez avec santé.

Les anciens attendaient leurs hôtes et leur faisaient bon accueil; le Bas-Breton va les chercher, les solliciter lui-même. C'est le chef de la famille qui a pris son *juppen* du dimanche et saisi le penn bac'h du voyageur, et le voilà qui court de paroisse en paroisse. Il n'oubliera personne; sa ménagère le lui a bien recommandé; et la mémoire du cœur n'a pas de distractions. Aussi heureux de l'hospitalité qu'il donne, que reconnaissant de l'hospitalité qu'il reçoit, il est pressant, entraînant dans son invitation.—Venez tous, enfans, petits enfans, ne restez pas en arrière; *ne chomet quet a dranhue,* vous serez bien reçus : le mieux que nous pourrons. Le cidre est doux, mais il échauffe le cœur. Allons, bonnes gens, promettez, venez. — Et l'on se frappe dans les mains : c'est un appel de famille à famille.

Ces vertus sociales sont, quoi qu'on en puisse dire, essentielles au caractère du paysan breton. Ne vous arrêtez pas à cet air froid, réservé, défiant et concentré qu'il conserve parfois avec les gens de la ville. S'il est hospitalier, il est fier. Il désire que l'on accepte avec plaisir ce qu'il offre avec franchise; il veut une libre réciprocité; il repousse les grâces, il ne pardonne pas les dédains. Il se défie : n'est-ce pas sagesse ? Chaque jour encore il se sent victime de l'avidité des hommes d'affaires. Mais, l'accuser de manquer de générosité, c'est une souveraine injustice : ce pauvre paysan, qui vit de privations, qui se nourrit de gros pain de seigle, de blé noir, de lait caillé; prodigue, pour un jour, de sa petite fortune, sauf à se refuser plus tard le nécessaire, paiera de bien des heures de travail au soleil, les plaisirs d'une fête selon son cœur.

Et puis, cet instinct national de conservation qui ne s'analyse pas plus chez les peuples que chez les individus, le paysan breton l'éprouve obscurément, mystérieusement sans doute, mais, par cela même, avec une énergie plus profonde, plus près de la nature.

Il sent bien que cet échange de bons soins, de souvenirs, que ces témoignages mutuels de persistance dans les anciens usages, dans les mêmes vertus domestiques, font toute la force vitale de sa chère patrie. Il est spontanément porté à réunir autour de lui ces élémens épars d'une civilisation dans laquelle il veut toujours être; ces élémens dont le faisceau résiste depuis si long-temps à toute puissance extérieure d'assimilation.

Enfin voilà le jour : tout s'anime dans le quartier; arrivent les familles, les villages; puis les petits garçons s'agitant çà et là avec leurs *camisolen* trainantes, et les petites filles avec leurs coiffes à longues bandelettes. C'est une émigration; ou mieux, c'est le retour d'une colonie à la mère patrie. Partout une gaîté douce, des cris de joie, une couleur de fête. Le concours augmente, on se presse sur la banquette.

Place, place, rangez-vous, faites passage, et vous tous qui avez escaladé les talus pour trouver dans la lisière des champs des sentiers plus unis, plus gais, hâtez-vous, venez voir à travers les branches, car c'est monsieur le recteur qui passe; écoutez le pas relevé, le dur sabot de son vigoureux bidet qui fait crier la selle. Il se rend au pardon, monsieur le recteur, et avec lui ses vicaires et quelques prêtres invités. — Chapeau bas; — c'est lui qui prie pour les âmes, qui invoque les saints, qui console les hommes, qui évangélise les enfans... Et puis, il dit aussi quelques joyeux propos qui épanouissent les visages. Un mot de monsieur le recteur est si bon à recueillir! On le répète en s'en allant, puis le soir près du foyer : c'est de l'histoire pour la famille. Lui, poussant en avant, va descendre chez le trésorier de la chapelle. Toute la maisonnée accourt : la mère soulève ses petits enfans parés de leurs habits de *pardon*, et tout boudeurs, les présente aux caresses du vieux curé. Dans quelques heures ils recevront l'étole qui donne force au corps et sagesse à l'esprit... Maintenant tout s'émeut, le cœur se répand, on est si heureux de traiter les prêtres... Er bélian!

Voici les conviés : quelques bonjours, quelques complimens, quelques momens de repos et même quelques santés, puis on les conduit à la chapelle. La ménagère ne quitte pas sa maison ; elle a pris la messe matine pour avoir toute liberté de partager ses soins entre le repas de ses hôtes et le berceau de ses petits enfans, qui jouent avec le tablier bleu déployé sur leur tête et dressé comme une tente : car un nuage de mouches bourdonne alentour.

Les étrangers s'arrêtent, admirent le porche, les colonnes, l'autel, tout émaillés, tout drapés, tout couronnés de festons, de guirlandes, tout parsemés de fleurs de genêt, comme d'un essaim de papillons jaunes, tout diaprés de campanules bleues et roses, qui soutiennent çà et là des œufs de petits oiseaux, comme autant de perles d'azur et d'hyacinthe.

Ces guirlandes si fraîches, si odorantes, se meuvent dans tous les sens : elles circulent autour des pleins-cintres, en passant sur la tête des Chérubins, se dressent et s'élèvent avec les ogives, puis s'élancent en spirales et retombent en lampes de verdure. Les jeunes filles qui les ont tressées se tiennent à genoux bien près; et, tout en disant leurs prières, elles guettent un sourire d'approbation chez ceux qui viennent contempler leur ouvrage. Les saints, bien enveloppés de rubans argentés, tiennent en main des bouquets de roses. Quant à la Sainte-Vierge et à l'Enfant-Jésus, ils alongent le bras pour offrir aux fidèles un beau scapulaire du Mont-Carmel.

On carillonne l'office : foule au porche, foule autour du bénitier, foule à la balustrade, qui, malgré sa construction massive et ses boulons de fer, craque, se penche et va se rompre. Toutes ces têtes chevelues s'agitent, se baissent, se redressent comme les épis d'un champ de seigle battu par le vent. Bientôt les belles voix du quartier se joignent à celles du lutrin ; ceux qui ne chantent pas égrènent leur chapelet.

Arrivent le prône et le sermon. Monsieur le recteur proclame en détail la liste des offrandes, le nom des bienfaiteurs :

—*Kersulec de Kerzec-Ihuel* a donné un coq à saint Pierre et un minot de seigle au Rosaire.

— *Owan-er-Bail de Billerid* donne un minot de mil à saint Mathieu, une poignée de chanvre à saint Guénolé, un cent de clous à saint Fiacre.

— *Rosalie Kernabo de Kernehué* donne une écuelle de beurre à sainte Barbe et des chevrons de châtaignier pour couvrir la chapelle.

Dans le sermon, qui est en général un panégyrique du saint, on trouve souvent des traits mâles et heurtés, mais à coup sûr une tirade vigoureuse contre la danse et le cabaret.

L'angelus est chanté en grand chœur; un cantique breton, une musique populaire, alternent avec l'hymne de l'église; puis chacun s'élance, se jette, repousse tout ce qui résiste. Il faut arriver des premiers à baiser l'étole ou la patène. On sort impétueusement, et ce n'est qu'à travers une double haie de mendians, un luxe affligeant d'infirmités, que l'on parvient à retrouver son hôte au détour d'un chemin,

A table!...... Tout est prêt; la ménagère et ses filles redoublent de zèle, vont du buffet au brasier, et ne laissent à personne l'honneur de servir leurs amis. Voilà qu'une troupe de mendians passe dans l'aire à battre, s'avance lentement à la fenêtre et s'arrête en disant: *Charité!* — Un bonhomme à longs cheveux, à barbe blanche, à figure vénérable comme un prêtre de la Providence, a suivi péniblement: il arrive le dernier. — Arrête, bon père, viens parmi nous, lui crie-t-on de l'intérieur; viens, prends le haut de la table ;— et tous se lèvent respectueusement, car ils reçoivent chez eux un membre de notre seigneur Jésus-Christ.— Allons, bon père, mets la main sur tes cheveux blancs, bénis la nourriture que tu vas partager. — Le pauvre se [tient debout : d'une voix grave, d'un air imposant, c'est lui qui dit le *Benedicite* ;...... car il sait bien quelle est sa dignité de pauvre, et tout le monde répond — *Amen !*

Ah ! cette voix paisible du pauvre qui bénit, n'a-t-elle pas seule la puissance d'éloigner les remords des fêtes humaines ? N'est-ce pas une absolution sublime ? N'est-ce pas la souffrance qui veut bien dire au plaisir d'ici-bas : Va ! je consens à te pardonner !

Cependant vêpres sonnent, ensuite la procession : la procession ! c'est le triomphe de la journée.

Elle va sortir: les cloches redoublent leur carillon : c'est un élan, une agitation convulsive...... Tout le peuple s'empresse.— Elle est en plein air, la procession !

Les jeunes gens s'avancent autour d'une longue et lourde bannière : ils se la disputent, se l'arrachent: quelle gloire!! marcher devant tout le monde, pour montrer à tous qu'on est fort ; pencher cette masse jusqu'à terre, la relever avec vitesse, l'équilibrer, la balancer, lui résister jusqu'à l'épuisement de ses forces. Malheur à l'imprudent qui la laisserait échapper de ses mains ! il n'éviterait pas le mépris, la dérision des *gars* de son quartier.

Les chasseurs du pays, fiers et sûrs de leurs fusils, comme des Tyroliens, groupés, serrés en demi-cercle, défendent le cortège, repoussent les abordages et rejettent vigoureusement la foule des hommes qui se ruent vers le recteur ; le recteur qui, sous une écharpe à franges d'or, porte l'image du saint patron : il va la tremper trois fois dans la fontaine, et raviver toutes les vertus de l'eau miraculeuse. C'est alors qu'il fera beau s'y laver les yeux, les genoux, les bras ; puis la faire tomber dans ses manches que l'on agite en l'air, puis y tremper le drap du malade et le maillot de l'enfant.

Les femmes sont restées en arrière : elles se hâtent et l'on voit une immense quantité de coiffes blanches et lisses toutes rapprochées : c'est comme une longue nappe qui se meut dans le chemin.

La foule est déjà loin. Vous diriez un fleuve qui bondit par dessus ses digues. Elle se répand sur la bruyère, autour d'un tertre où doit flamber le feu de joie. Là, contre un mât de navire, surmonté de l'image du patron, se dresse une pyramide de pommes de pin, de branches desséchées, de vieilles souches déracinées. Le recteur fait une invocation, approche un cierge; soudain la flamme jaillit dans l'ombre naissante, se courbe autour de la sainte image, l'enveloppe d'une niche rubanée, éblouissante, la montre aux hameaux éloignés comme une bienfaisante apparition de la bonne madame sainte Anne. Les cris se répondent sur les collines.

Pressés autour de l'incendie qui se reflète en vagues rouges sur leurs visages et à travers leurs mains, des jeunes gens semblent prendre élan pour s'y précipiter. L'œil fixe, inquiet, le front couvert de sueur, ne diriez-vous pas un bolge d'âmes en peine qui guettent leur délivrance? Enfin l'image tombe, se brise, et lance des tourbillons de flammèches : tous se jettent à l'instant sur les débris; et malgré les brûlures, enlèvent ces précieuses reliques, les éteignent et les placent à leurs chapeaux comme un gage de leur victoire et de la protection du saint.

La veille de la Saint-Jean, sur la longue chaussée de Saint-Christophe, est rangée une armée d'enfans portant mille torches goudronnées. Le signal est donné, les torches s'allument au feu de joie ; alors, c'est fureur : rapides, elles tournent, rasent la terre, sautillent capricieusement ou se lancent en haut, s'attaquent, se fuient, s'entrelacent : c'est une ivresse, une orgie de follets, une trainée d'étoiles tombantes.

Les prêtres sont partis, mais le recteur a défendu de danser. Il a même hautement déclaré que toute pompe de Satan dans le voisinage de la chapelle, entraînerait la suppression du pardon pour l'année suivante. A cette menace tout le monde a tremblé : supprimer le pardon ! Oh ! l'on ne dansera pas, on se l'est bien promis. Tous les plaisirs se réduisent à quelques plaisanteries innocentes : on se jette des pommes ; on court après, on les cache dans ses poches et puis on se les arrache...... Voilà qu'un bignou, d'abord timide, a fait entendre dans le lointain quelques préludes incomplets : on écoute, on s'arrête, les pommes ne roulent plus, le jeu cesse; les modulations deviennent plus hardies, le chant se décide enfin : c'est l'air des noces, le rôti, la ronde, le bal. Oh! comme le cœur bat, comme on s'assied tristement. Mais il est trop vrai, monsieur le recteur l'a dit au prône, pas de danse ou plus de pardon. Au milieu de ces refrains du bignou, accompagné de sa basse cornante et uniforme, s'est mêlée je ne sais quel son vibratile comme une chanterelle d'Hoffmann. C'est une secousse électrique, on tressaille, on se tait : est-ce bien lui ? Oui, oui, c'est Mathurin l'aveugle, c'est la bombarde de Quimperlé. Quels tons, quel gazouillement, quelle variété ! C'est le chant des oiseaux ou bien le son de la trompette; c'est toute l'inspiration du pauvre aveugle Mathurin. Quelle fée lui a donné ce hautbois fantastique qui évoque tous les démons de la danse? Ah ! monsieur le recteur, ayez pitié de nous ; il y a fascination, sorcellerie ; Mathurin ferait danser les trépassés, si Mathurin jouait de la bombarde à minuit dans un cimetière. Qui peut donc résister ? En vérité, c'est bien mal ; mais on va, on court, on arrive et... l'on danse.

Une magie plus puissante encore est celle de la branche de gui de pommier pendue au toit de chaume, ou fichée dans un mur. Jamais le gui de chêne n'exerça sur les ancêtres une aussi invincible attraction. Jour de marché, jour de pardon, que le paysan breton soit seul, ou qu'il voyage avec ses amis, par la pluie ou par le beau temps ; qu'il conduise ou non sa charrette, si le rameau fatal se présente, le voilà dans la maison, et vite du cidre, du cidre... Et puis des chants, des cris, des moulinets de penn bac'h, tandis que son chien aboie, que ses bœufs décampent. Et la pauvre femme est là, qui pense au lendemain, qui sup-

plie, qui appelle par le nom de baptême. Triste scène !... Malheureuse influence du rameau de gui pendu au toit de chaume ou fiché dans le mur !..
— Mais aussi pourquoi les pommiers portent-ils du gui ?

IV.

Guillaü-Dall. — L'Aveugle de Loc-Maria.

Loc-Maria, charmante chapelle située à mi-côte entre des taillis, vis-à-vis Carnoat, en Guidel, a été long-temps l'égale de sa paroisse. Aujourd'hui sa gloire est tombée, bien qu'une croix de mission s'élève encore près d'elle, et que le cimetière, le reliquaire et les pierres tombales soient encore là. Elle a perdu le droit important d'y recevoir de nouvelles dépouilles ; les anciennes conservent les mêmes honneurs et possèdent paisiblement leurs dernières places et leurs derniers ombrages. — Personne ne viendra les leur disputer.

Encore une fois l'an, au mois de septembre, les pélerins arrivent en foule à Loc-Maria pour le jour du pardon. On y vient de Quimperlé, d'Arzano, de Plœmeur, de Clohar; il s'y trouve surtout force mendians attirés par la réputation d'âmes charitables, acquise à juste titre aux gens de ce quartier.

Le pardon était bien fini ; le crépuscule fort avancé ; toutes les bonnes familles avaient pris congé de leurs hôtes. On les voyait encore s'en allant avec ordre par les grands chemins et les petits sentiers. Au loin, les bignous commençaient à se taire ; mais dans les cabarets et le long des fossés, on entendait des cris, des chants lourds et discords.

Au même instant s'ouvrit doucement une porte latérale de la chapelle, et deux filles habillées de noir, mais dans le costume du pays, en sortirent entourées de petits sacristes. C'étaient deux bonnes sœurs du bourg : Béatrix de Coatcatar et Véronique de Kercomzbras ; elles venaient de reprendre à la chapelle les nappes blanches, les broderies, les nœuds de ruban et les bouquets de fausses-fleurs empruntés à la paroisse; elles emportaient aussi une couronne d'épis d'argent qui avait servi ce jour-là de diadême à Notre-Dame de Loc-Maria. Luc-er-Moué, premier sacristain, bien frais, le front bien rasé, reportait, lui, la croix d'argent enveloppée de son étui de serge verte.

Si la petite troupe était un peu en retard, cela tenait à Béatrix, qui, selon sa coutume, avait couru de maison en maison, voir des malades et distribuer des *Louzous*, avec tout l'aplomb d'une expérience qui ne doute plus de rien depuis quarante ans. Ce n'est pas qu'elle ait fait fortune à ce métier, la pauvre bonne-sœur : Dieu sait ce qui peut lui revenir à monter dans les tilleuls, à cueillir des herbes, à courir par voies et par chemins, appuyée sur un long bâton ; elle fait peur aux petits enfans, qui ne peuvent regarder ses longues dents toutes jaunes, son front ridé comme un panier, puis deux mèches de cheveux gris, ou plutôt deux poignées de gros chanvre qui s'échappent de dessous son serre-tête. Grave dans sa démarche, elle porte sous le bras un psautier in-quarto, tout latin, et fait sonner à sa ceinture les grains d'un long rosaire qui bat contre un trousseau de clefs.

Les deux bonnes-sœurs se mirent à deviser.

Véronique.

Entendez-vous, Béatrix, ces déchaînés qui hurlent dans les cabarets, comme s'ils n'avaient jamais entendu de sermons, ni vu l'image des sept péchés capitaux déployée devant la chaire ; demain on les trouvera couchés entre deux sillons qui serviront de châsse à plusieurs... Et ce méchant bignou, qui a versé un pot de cidre dans le cuir de son outre ; voyez, il ne peut plus souffler... Bonne dame de Loc-Maria !

Béatrix.

Je ne vois que trop, ma pauvre fille; ils viendront encore chercher la bonne-sœur Béatrix de Coatcatar, pour les soigner et les empêcher de descendre dans le trou de terre.

Véronique.

Et la bonne-sœur saura mieux les soigner que tous les médecins de la ville. Est-ce qu'ils ont jamais pu faire sortir la couleuvre que Jacquette-er-Blatt avait avalée en dormant dans la lande auprès de ses vaches ?

Luc-er-Moué.

Ni les douze petites grenouilles que Fercès-er-Hunsec se sentit passer dans le gosier, quand il buvait de l'eau du Goiffrec.

VÉRONIQUE.

Est-ce qu'ils connaissent rien au reuz que donnent les cacous de Lann-Biwé? Est-ce qu'ils savent piquer des clous dans un cœur de veau pour forcer les sorciers à demander grâce? Est-ce qu'ils ont pu soigner Yvon Kerlan, quand il fit une chute pour avoir voulu monter sur les épaules du loup-garou de Plœmeur? Il a bien fallu alors lui appliquer la poule noire.

Luc-er-Moué (*se rapprochant de Béatrix*).

Ce Kerlan! il avait bien besoin d'aller se mettre à cheval sur un loup-garou; parce qu'il avait gagé quelques pots de cidre... risquer de sauter par-dessus les arbres, ou d'être lancé à la mer comme avec une fronde contre les rochers du Kernével! Je l'ai vu, moi, le loup-garou de Plœmeur, c'est un cheval qui a des yeux de chat; il saute en avant et en arrière, comme un bélier qui va frapper du front.

VÉRONIQUE.

Comment resterait-il tranquille avec les flammes bleues qui s'entortillent tout autour de ses jambes?

— Cette tournure de conversation n'était pas du tout rassurante. On se pressait contre le bréviaire de Béatrix.

Luc-er-Moué (*tremblant*).

Mme Béatrix, n'entendez-vous pas le bruit de quelqu'un qui marche sur la paille, et qui parle bas comme une chouette?

Béatrix.

Confiance en Notre-Dame; taisez-vous, pas de bruit; dites en vous-même cinq *pater* et cinq *ave*.
Un profond silence.
Et l'on entendait au loin les hurlemens, les hontes et les malédictions de l'orgie.

Voilà qu'à peu de distance se prolonge un cri de détresse. Qui peut crier ainsi dans la lande, si tard? Les bonnes-sœurs s'arrêtent avec un battement de cœur... Le gémissement recommence. — *Ayez pitié de moi, bonnes âmes charitables!* — ...

Je le connais, dit vivement Béatrix; c'est Guillaü-Dall, l'aveugle, — qui voit loin dans l'autre monde, répond Véronique: il chante;... et Guillaü-Dall chantait:

> Dré ar c'homzou terrupl peré a brononças,
> D'oun penaus en doar de long n'a zi goras,
> Oc'h arrêti en ene. . . . . . . (14).

« A ces terribles paroles, comment la terre ne s'entrouvrit-elle pas pour le dévorer, lui qui arrêta le vol d'une âme? »

Les bonnes-sœurs étaient arrivées auprès ; c'était bien Guillaü-Dall. Sa voix semblait sortir de terre... Le pauvre aveugle était assis sur une borne noire, dans un trou de carrière. Sa figure, on ne la voyait pas, mais un rayon de la lune rasait son crâne immobile au milieu des pierres, luisant, dépouillé comme une terre brûlée. Quelque chose remuait auprès de lui : c'était un chien noir, qui parfois hurlait à glacer l'âme.

Pauvre Guillaü-Dall, pourquoi restes-tu là si tard? dit Béatrix. — Il est toujours tard pour moi, répond l'aveugle.... Et comme il entendait du monde autour de lui, il recommença son cantique :

Esprit-Saint, viens enflammer mon âme, je vais chanter un cantique aux Bretons : je dirai ce qui arriva dans le bas-pays au dernier mois de septembre.

Mon cœur et mes membres sont agités de tremblemens, mes yeux ne font que verser des larmes, quand je viens à considérer ce grand sujet de douleur... Sainte Vierge, au secours !

Un jeune homme vit, hélas! tout son monde mourir d'une cruelle maladie... Il s'abandonne à toute sorte de tristesse... à toute sorte de tristesse, à toute sorte de misère.

Comme il était jeune, il n'osait rien chercher : de bonnes gens, par charité, lui portaient des morceaux. Comme il était jeune, d'autres vinrent le gronder : — lève-toi pour aller à l'ouvrage.

Il souffre mille outrages avec une vraie patience, en mettant sa confiance dans la Vierge bénite; car il avait son image et celle de la Passion, et devant elles, chaque jour, il était en prière.

Un riche du pays, un homme du quartier vint le voir, car on parlait de sa misère. — Viens chez moi travailler, lui dit-il. — Je n'ai pas de hardes, répond le pauvre malheureux.

Oh! certainement, je sais travailler la terre; mais hélas! dit le pauvre, je n'ai ni pelle ni pioche; quatre écus me suffiraient pour m'équiper... J'irai sûrement chez toi pour te payer.

Le riche, sur sa parole, lui compta quatre écus et lui dit : Mon ami, ne manque pas, viens travailler chez moi quand tu auras pelle et pioche, quand tu auras acheté des hardes.

Il fut chez lui; bien longue était la route. Certes

il aimait à travailler; mais un jour on fut bien surpris... Dans quel lieu, se disait-on, le pauvre malheureux peut-il être passé ?

Et l'on alla voir, et l'on trouva le pauvre mort dans sa chambrette sur une poignée de paille. Son corps était dans un drap pour être enterré.

Le bruit courut et les gens vinrent voir; le riche vint aussi, car il était du canton. Il vint voir ! grand Dieu, quel étonnement !

Quand il sortit de la chaumière, il s'écria, devant tout le monde : — Non, non, jamais son âme n'entrera dans le Paradis de Dieu avant qu'il ne m'ait rendu ce que je lui donnai l'autre jour.... quatre écus.

Lorsqu'il prononça ces terribles paroles, comment donc la terre ne s'ouvrit-elle pas pour le dévorer, lui qui arrêta le vol d'une âme... d'une âme qui allait être reçue par Jésus dans les cieux ?

La glorieuse vierge Marie, en souvenir de sa fidélité, donna un délai au trépassé... Elle envoya son serviteur un instant sur la terre, pour travailler à la maison, afin de payer le barbare.

Le voilà donc reçu à la maison. — De l'ouvrage, de l'ouvrage ! — On lui en donne ; il travaille aux champs comme trois des plus forts, *chose étonnante, sans boire ni manger !*

Quand le repas sonnait, on avait beau le prier, il ne suivait pas les autres : il se retirait de côté. La bouche collée contre terre, il s'y répandait pour souffrir ses douleurs.

Advient l'usurier qui reste muet de surprise. A l'instant, il va chez le recteur. — J'ai, dit-il, un laboureur qui travaille autant que trois, *chose étonnante, sans boire ni manger !*

Eh! bien, dit le recteur, continuez toujours; tout à l'heure j'irai voir. L recteur arrive aux champs, et grâce à Dieu, d'un coup-d'œil il reconnaît que c'est une âme.

Je te conjure, dis-moi, je t'en prie, n'y a-t-il pas aujourd'hui huit jours que j'ai posé ton corps en terre? Que veux-tu? Que viens-tu faire ici? Que te faut-il pour te délivrer ?

Quatre écus que j'avais reçus du maître de cette maison; je suis venu pour le payer. Oh! le moyen est bien sûr. — Tu en auras huit au lieu de quatre, pauvre âme, pauvre âme... tu seras délivrée.

C'est à mon bon ange de m'en dire la nouvelle; sans lui je n'ai pas le pouvoir d'entrer dans la joie... Priez Dieu pour moi; demain, à la même heure, je serai dans le ciel, je vous rendrai vos prières.

Le recteur arriva : il portait de l'argent pour tirer l'affligé de peine et de tourmens. — Moi, dit l'âme..., c'est moi qui les ai reçus de lui; donnez, c'est moi qui les lui rendrai.

L'usurier alonge la main pour prendre l'argent... Soudain passent en lui la peine, les tourmens, la brûlure du mort... Son bras droit, jusqu'à l'épaule, est consumé à l'instant... L'argent est tombé de sa main!!! Adieu, monsieur le recteur ; maintenant je vais à la joie, je prierai pour vous Jésus-Christ notre Seigneur.

Quand un homme vous devra, et qu'il s'en ira du monde, ne le maudissez pas, mais priez avec lui. Prions tous et bénissons, nous irons au repos, nous irons louer Dieu dans la gloire de son saint Paradis (15).

Le pauvre aveugle ne chantait plus; tous restaient immobiles, le cœur serré. Enfin, Béatrix, s'aidant de son bâton, marche péniblement sur un tas de grosses pierres, et descend dans la carrière auprès de Guillaü-Dall. Elle jette un sou dans son écuelle de bois.

— *Dieu vous fasse paix, âmes charitables!* répéta le malheureux. — Les bonnes-sœurs se remirent en chemin.

Luc-er-Moué.

Vous n'avez pas entendu dire, Mme Béatrix?... Un homme de Cornouaille, un homme bien grand, qui crie miséricorde autour de toutes les chapelles. On ne le voit que de loin; il court comme celui qui refusa de porter la croix de Notre-Seigneur ;... et puis il mord son grand manteau blanc.... Jamais, jamais on ne lui a vu qu'un bras.

Véronique.

Je sais bien... mais... mon Dieu! derrière les tilleuls de *Trovers*... là-bas, sous le nuage rouge,.. voyez ce qui passe...

Béatrix.

Confiance en Notre-Dame ! . . . .
. . . .

Et les accens monotones du pauvre Guillaü-Dall se prolongeaient encore comme les *qui vive* d'une sentinelle perdue, aux postes avancés de la vie... Il redisait :

Quand un homme vous devra, et qu'il s'en ira du monde, ne le maudissez pas, mais priez avec lui !

ÉTUDE CINQUIÈME.

SAINTE ANNE D'AURAY.

I.

Plérin. — Les Arzonnais.

Pour aller de Vannes à Auray, on voyage, le cœur bien triste, à travers une vaste plaine, où la terre marâtre nourrit à peine quelques jets d'une lande sèche et avortée. Çà et là, de larges étangs développent leur surface terne, jaunie, presque toujours agitée, limoneuse, impénétrable à l'azur du ciel, et ne réflètent, dans leur sombre miroir, que des circuits prolongés de joncs mobiles et grisâtres, enveloppés d'une ceinture de marécages.

Quelques petits pâtres de chèvres et de vaches maigres passent à l'entour leur vie monotone : on les entend parfois imiter les cris aigus des canards sauvages, qui volent en longues files au-dessus de leurs têtes.

A certaines heures de la journée, ces enfans demi-nus paraissent oublier leur apathie, pour s'élancer, en se pressant, sur les grandes routes.

C'est qu'ils ont aperçu de loin quelque voiture publique, et qu'ils veulent courir tout près des roues, en chantant les louanges de madame sainte Anne, pour demander la charité. Et puis, tout grelottant de froid, tout transis de misères, ils sautent en poussant un cri. Pauvres petits malheureux! Ils voudraient faire croire que c'est un cri de joie!....

Au loin, quelques hameaux, quelques squelettes de chaumières fermées d'une claie de genêts, et visibles à peine à travers des lambeaux de brouillards; au milieu, une petite maison blanche, isolée, inhabitée, dont on craint d'approcher, car elle gémit le soir.

Tel est, dans les temps ordinaires, l'aspect

mélancolique de la lande de Plérin. Mais, dès le commencement de juillet, ce désert monotone perd, au moins pour quelques jours, sa tristesse et ses serremens de cœur : des troupes d'hommes et de femmes le traversent, parés de leurs habits de fête. On reconnaît les gars des environs de Baud, qui ont laissé, à regret, leur grande sorcière de granit, *er groac'h*, si révérée des jeunes filles (16); et ceux de la forêt de Camor, avec leurs chapeaux rabattus, et leurs regards plus sombres que l'ombrage de leurs énormes futaies ; ceux de Loc-Mariaker, fiers de leurs nuageux promontoires, de leurs obélisques brisés, de leurs *doll-mens* penchés vers la terre, et plus encore de la fontaine miraculeuse du bienheureux saint Cornéli. Puis les femmes de Surzu, de Lan-Twan, de Kervignac, de Baden, avec leurs coiffes inclinées et coupées en socs de charrue, ou pendantes en bandelettes égyptiennes, ou prolongées en pointes aiguës, pour figurer le clocher de leurs paroisses.

Ils accourent en foule de tous les côtés où la vue peut s'étendre, qui de la côte, qui des landes, qui des montagnes. Tout couverts de sueur et de poussière, l'habit sur le penn bac'h, ils ne songent pas à la fatigue. L'œil inquiet et ardent, les cheveux épars, ils se donnent en marchant des mouvemens étranges. Sans doute, un sentiment puissant les agite, les poursuit; nul n'interroge son voisin; ils savent bien où ils vont, pas un œil ne s'égare.

Hommes, femmes, mêlent à l'unisson leurs voix fortes et saccadées. Écoutez ces chants nationaux qui se répondent jour et nuit, comme ceux des pêcheurs le long de la côte; ils retentissent à travers la plaine, répétés au loin par des échos qui se meuvent:

Chrétiens, je vous en conjure, venez écouter l'histoire d'une dévote chapelle de l'évêché de Vannes.

L'histoire de madame sainte Anne, à trois quarts de lieue d'Auray : une terre plus sainte n'est pas dans toute la Bretagne.

O pieuse nation! écoute le récit des miracles qu'elle a prodigués pour toi!

Que de secours elle a donnés à bien des hommes affligés, tombés dans les dangers, dans les malheurs ou dans la mort! (17)

Une troupe s'avance dans un ordre plus régulier. Revient-elle du combat, va-t-elle à la prière? car on remarque au milieu d'elle des signes de piété et des symboles de guerre? Et puis, le chapeau goudronné, le pantalon flottant, la large ceinture rouge, et mieux encore les formes athlétiques, la sûreté de la démarche, l'intrépidité du regard, indiquent des marins de haut-bord. Ce sont les fils de ceux qui, sous l'écharpe de sainte Anne, défièrent les volcans de Ruyter, ce sont les braves Arzonnais. En avant, la croix d'argent de la paroisse d'Arzon, puis l'image dorée de sainte Anne, enveloppée d'une blanche tunique; enfin le majestueux modèle d'un vaisseau de soixante-quatorze, paré de ses légers cordages, pavoisé de tous ses pavillons, balancé sur les épaules de six robustes matelots, aussi fiers de la main qui sauva leurs pères, que des souvenirs de la victoire. Imposant cortège, où se trouvent en même temps la rudesse de l'homme de mer, et la ferveur du pèlerin.... Oh! qu'il doit aimer l'Océan, l'enfant d'Arzon, qui n'a qu'une rame pour hochet, et qui, sur un esquif plus léger qu'une écorce de bouleau, se plaît à voguer d'île en île, dans l'archipel du Morbihan; à franchir la blanche lisière qui marque les brisans; à danser sur les vagues, comme un oiseau pêcheur; à caresser les grosses lames, à la crinière hérissée, comme un petit chien qui se joue avec un lion de l'Atlas.

Aujourd'hui, les Arzonnais ont laissé les flancs déchirés de leurs côtes : ils marchent en longue procession ; puis, frappant la terre en cadence, ils chantent en chœur, de cette voix qui ne connut jamais pour basse que la chute prolongée d'un flot sur la grève de l'île d'Arz, ou les rochers de Saint-Gildas :

Chant des Arzonnais.

Sainte Anne, que Dieu bénit, vos vertus, votre puissance, ont éloigné de nos têtes la mort et tous les dangers.

Nous courons à votre maison sainte pour offrir des actions de grâces ; car vous nous avez préservés dans les dangers du combat.

Sainte Anne, que Dieu bénit, vos vertus, votre puissance, ont éloigné de nos têtes la mort et tous les dangers.

Une troupe d'Arzonnais était partie pour l'armée : ils étaient plus de quarante soumis aux ordres du roi.

Sainte Anne, que Dieu bénit, vos vertus, etc.

Pleins de foi, pleins de confiance, nous tous, paroissiens d'Arzon, nous vînmes ici vous implorer le saint jour de la Pentecôte.

Sainte Anne, que Dieu bénit, etc.

Nous voilà voguant dans la Manche, avec celui qui nous commande, cherchant combat et vengeance contre les vaisseaux hollandais.

Sainte Anne, etc.

Coups de canons nous arrivent plus pressés que la grêle : oh ! non, jamais, jamais nous ne fûmes en pareil danger !

Sainte Anne, etc.

De chaque flanc du vaisseau, des tonnerres de bordées fracassent et font tomber câbles, voiles, mâts et bordages.

Sainte Anne, etc.

O véritable miracle! aucun des enfans d'Arzon ne reçut la moindre offense de boulet ni d'arquebuse.

Sainte Anne, etc.

Près d'eux, à droite, à gauche, tués ou blessés, tombent les hommes; mais pour eux, votre secours, votre vertu les défendait.

Sainte Anne, etc.

Là, près de nous, un boulet frappe un pauvre matelot, et la moëlle de sa tête jaillit sur un enfant d'Arzon.

Sainte Anne, etc.

Nous vous prions de bon cœur, sainte Anne, que Dieu bénit: conservez-nous en grâce, maintenant et toujours. (18)

Au milieu de ces cantiques, le vaisseau s'avance et se balance en longeant les massifs; tantôt sombrant dans la verdure, tantôt laissant apercevoir le tangage de sa carène aux vives couleurs; tandis que ses voiles blanches et ses légers pavois bleu-de-ciel se jouent dans la brise avec les petites feuilles de chêne.

Vient un autre cortége, mais triste, mais abattu comme un soldat défait; ce sont des pêcheurs d'Ardven. Les pieds saignans, les habits déchirés, ils portent sur leurs épaules nues et meurtries une longue planche hérissée d'éclis, que traversent des cloux rouillés, des pointes brisées... Sublime offrande! C'est le débris que madame sainte Anne leur jeta comme ils allaient périr! Au milieu du croisement des éclairs, ils ont bien reconnu son visage doux, calme, céleste, lorsqu'elle passa plus vite que la colombe, pour soulever les malheureux qui luttaient contre le gouffre, pour aspirer les vœux du naufragé. Ils viennent aujourd'hui déposer à la chapelle miraculeuse le dernier morceau de leur barque; tout résignés, car il leur reste encore la providence, et le regard de la bonne madame sainte Anne...

Au milieu de petits enfans, une femme, faible encore, marche avec lenteur, chargée d'un drap blanc à demi-déployé. Naguères, elle allait succomber à une maladie de langueur; et, sur le point de quitter ce monde, elle avait déjà dit : « La volonté de Dieu soit faite! » Puis elle s'était traînée hors de son lit, pour préparer elle-même son linceul. Alors, toute la famille éplorée, enfans, petits-enfans, levant les yeux vers madame sainte Anne, avaient promis le pélerinage. Aujourd'hui, le vœu s'accomplit : la famille répète en chœur :

O santés Anna beneguet,
Hui zou guet en oll inouret ;
En dud, er sent, ag en élé
E gan hou mélodi bamdé.

« O sainte Anne bénie de Dieu ! l'univers vous honore : les hommes, les saints et les anges chantent tous les jours votre mélodie ! »

Le linceul ne sera plus un signe funèbre : il flottera suspendu aux murs de la chapelle, comme un pavillon de bon secours, et chacun y lira que la sainte mère de Marie a bien voulu rendre une mère aux prières de ses enfans.

Ainsi s'avance l'immense procession des fidèles, à travers la lande de Plérin. Le temps presse, les cœurs s'élancent, plus de fatigue, ils se hâtent, le soleil va se coucher. Oh ! si l'on pouvait parvenir, avant le soir, dans cette atmosphère où planent tant de grâces, tant de puissance ! Si l'on pouvait apercevoir !...

Prosternez-vous, Bretons, inclinez vos vaisseaux, vos débris, vos linceuls : voilà le clocher de Sainte-Anne !

Une longère d'édifices paraît à l'horizon, au milieu des vapeurs empourprées flottantes au-dessus du marais de Kerzo. Le soleil plongeant derrière les promontoires de Loc-Mariaker, lance quelques flèches d'or dans cette nuée solennelle, mélange d'éclat et d'obscurité, comme la foi du chrétien. A voir ce vaste toit s'alongeant à l'horizon, surmonté d'une tour carrée et d'une lanterne à vitraux resplendissans, ne dirait-on pas l'arche des anciens temps, ou bien le vaisseau de l'Église, portant lui-même son phare de salut, et prenant un mouillage au milieu d'une population innocente et fidèle à la foi de ses pères !

Bien des siècles ne se sont pas écoulés, depuis que la gloire de ce saint lieu a été de nouveau manifestée à la face du monde. Long-temps, bien long-temps, elle fut éclipsée; mais les paroles du prophète se vérifieront de nouveau : *Et erit major gloria domûs istius novissimæ, plusquàm primæ.*

Sous le gazon du champ, sous le sable de la falaise, dorment ensevelies les ruines de Dariorigum et d'Ocismor (19). Aucune parole humaine, aucun écho ne redisait le nom de ces villes jadis florissantes. Seulement, sur leur obscur tombeau, la charrue bouleversait chaque année quelques tuiles crochues, brisait quelques urnes funéraires, dont les cendres se répandaient pour ne plus s'appeler que terre. Ces ruines antiques, le sabot du paysan Léonard, Kernewote ou Vannetais, les rejetait de son terrain : il nettoyait la place et continuait les semailles. Nul cri de la terre, nul feu du ciel ne venait troubler son travail. Les choses étaient loin de se passer ainsi dans un petit village de la paroisse de Plunéret.

II.

Kéranna. — Nicolasic.

En 1624, les paysans du petit village de Kéranna vivaient solitaires, dans une grande simplicité de cœur et de mœurs. Leurs plus grandes migrations étaient à Plunéret, leur paroisse, pour y vendre les biens que Dieu donnait chaque année à leurs travaux et à leurs prières. On n'y voyait pas, comme aujourd'hui, une belle chapelle avec monastère, vastes enclos et longues avenues, qui vont de tous les côtés au-devant du grand abord des pèlerins ; mais seulement quelques champs d'une terre assez ingrate, étouffée de fougères ; une traînée de landes, et quelques prairies entrecoupées de marais et de fondrières. Là, vivaient d'une vie patriarcale Louis Leroux, Lézulit, Tann-Guy, Blaérec, et ce Nicolasic dont le nom est devenu célèbre et respecté dans tout le pays.

Ewan Nicolasic était bon et honnête, d'une vie exemplaire, irréprochable en ses mœurs, paisible en son humeur. Il craignait et aimait Dieu en simplicité et vérité, allant et venant son chapelet en main, se confessant et communiant les dimanches et fêtes principales de l'année ; faisant volontiers l'aumône du peu qu'il avait, et Dieu lui donnait sa bénédiction, car sa moisson était toujours belle.

Ewan Nicolasic était si judicieux en ses conduites, que tous ceux des hameaux voisins, et même des paroisses plus lointaines, s'en rapportaient volontiers à lui dans leurs différens. Pour lui, assis sur la pierre de sa porte, à l'ombre de son toit de paille, il écoutait les dires d'un chacun; puis, après avoir invoqué le Saint-Esprit, la sainte Vierge et madame sainte-Anne il jugeait... et nul n'avait l'idée de recourir à d'autres. Serait elle indigne du chêne de Vincennes, cette pierre du pauvre Ewan Nicolasic ?

Ainsi s'en allaient les journées. Quand la vesprée s'avançait, on se tenait autour du bonhomme, ou bien dans la grange, sur les timons des charrettes, ou sur l'auge du pressoir. Là, on s'édifiait en pieux discours ; on devisait parfois de cette manière :

Le vieux Bloérec, *relevant ses cheveux.*

Ewan, le froment pousse bien fort chaque année dans ton champ du Bocenno, et les épis courbent leurs têtes ; tu as en même temps bonne paille et bon grain. Ce n'est pas l'homme qui fait cela, Evan : la rosée de Dieu est pour toi ; jamais ton champ ne se repose. Tu sais bien ce que tu as appris de ton père. Autrefois la sainte aïeule du bon Dieu avait là une belle maison ; mais de ça il y a plus de neuf cents ans.

NICOLASIC.

Eh! qui sait mieux que moi, mon parrain, *me cad paron* (20), ce qui se passe dans le Bocenno ? J'y ai vu mes bœufs tout effarés sauter, s'enfoncer les cornes dans les talus, se déchirer contre les broussailles. S'ils ne voyaient pas quelque chose tombé d'en haut, ils ne reculeraient pas sur mon aiguillon. Le soc de ma charrue s'y casse deux fois par jour en pleine erre, et sûrement, je ne suis pas venu à mon âge sans savoir conduire une charrue.

BLOÉREC.

Tu es bien le maître de piquer tes bœufs tant que tu voudras, Ewan; s'ils pouvaient te dire ce qu'ils voient, tu saurais des choses.... Mais ils ne parlent que la nuit de Noël, et malheur à celui qui les écoute.... Va! s'il n'y avait pas eu là autrefois dans le Bocenno, une chapelle à Notre-Dame-de-Kéranna, ta grange à toi ne serait pas si bien bâtie.

TANN-GUY.

Regarde bien, Ewan, toutes les pierres de ta grange : elles sont taillées comme le trèfle du champ et piquées en feuilles de vigne. Crois-tu qu'elles n'aient pas, il y a bien des jours, porté les vitraux d'une chapelle? Prends garde à ces pierres, Ewan; elles ont été bénites; si tu les laisses là, elles te porteront malheur.

NICOLASIC (*avec enthousiasme*).

Que Dieu les prenne avec tout ce que j'ai, pour la gloire de ma bonne maîtresse! Oh oui! la couronne d'étoiles de madame sainte Anne reviendra jeter sa clarté sur Kéranna!

Alors, le cœur plein d'une dévotion tendre et ardente, il va se prosterner sur la terre du Bocenno; ainsi firent ses compagnons.

En rentrant chez lui, Nicolasic commande à sa femme Guillemette Leroux, à sa famille et à ses domestiques de se mettre à genoux.... « Surtout,
» enfans, leur disait-il, je vous convie d'être dé-
» vots à madame sainte Anne, ma bonne maî-
» tresse. »

Toutes les âmes étaient pleines d'une vague espérance, comme si les nuées devaient pleuvoir un nouveau juste. Un grand événement planait sur le hameau de Kéranna.

III.

Apparitions. — Image miraculeuse.

C'était quelques mois après. A nuit bien close, sous un ciel noir, pendant l'orage, cheminait le bonhomme Ewan Nicolasic. Il revenait d'Auray, où il avait visité les révérends pères capucins, et longuement conversé avec le père Ambroise; puis, tâtant le chemin avec son penn-bac'h, il s'en retournait comme il pouvait à Kéranna, en la bonne compagnie de ses pensées. A mi-chemin s'élève une croix de beau granit rouge, qui a nom encore aujourd'hui *Croix de Nicolasic.* Or, jamais il n'aurait passé outre sans s'agenouiller, ni réciter quelques patenôtres ; ainsi fit-il encore cette fois, nonobstant l'heure et le roulement de l'orage. Cela dit, il s'en retournait tout doucement, car il faisait bien noir. Voilà qu'une lumière soudaine marche près de lui : c'était la lumière d'un cierge pascal comme jamais on n'en vit. Une main de femme sortait d'un nuage pour la tenir. Elle avançait avec le voyageur, éclairant tout le chemin, perçant la nuit, dorant le brouillard ; mais la flamme ne vacillait pas au souffle de la tempête : elle restait paisible et sereine, comme le bonheur des bienheureux.

Qu'est ceci ? disait Ewan. Ma défunte mère est en peine. Il pria, fit dire des messes, et les paya bien un quart d'écu.

Mais le cierge, le nuage, et cette main inconnue, revenaient toutes les nuits au dehors ou même au dedans du logis. Ewan se recueillait, attendait de nouveaux signes, se promenait le soir autour de sa maison et le long du Bocenno. . . .

. . . .

Par une nuit bien étoilée, Nicolasic avait laissé ses bœufs pâturer dans le parc, quand il avisa qu'il était grand temps de les aller chercher pour les mener boire, avant de les conduire à l'étable. Il s'en allait donc, les poussant devant lui vers la fontaine, et déjà il apercevait, au clair de lune, les quatre beaux peupliers plantés à l'entour; il se plaisait à écouter le mélange harmonieux et confus du murmure de l'eau qui tombe, avec le bruissement des feuilles, et tous ces bruits étranges et fugitifs que la nuit est seule à connaître..... Les bœufs s'effarent, soufflent, renaclent, se renversent.—« C'est comme au Bocenno, se dit Nicolasic; j'irai voir.... » — Le voilà qui marche vers la fontaine, son chapelet en main, comme de coutume.— Merveille!....

Au milieu des quatre peupliers, sur deux gerbes d'eau vives comme des fusées de diamant, repose un nuage blanc, une grotte vaporeuse, une voûte argentée, légère, floconneuse comme l'aile d'un cygne à la brise du soir; puis, au milieu, une grande et respectable dame, laissant flotter de longs cheveux noirs, et tomber aec une gracieuse majesté son manteau, sa blanche tunique à la lisière d'or. Autour d'elle s'épanche à torrens une lumière animée, pénétrante, ineffable; lumière de la première aurore, lumière de transfiguration qui renaquit sur le Thabor, et que retrouva Raphaël; pleine d'enivrement et d'extase, comme le

doux regard de la sainte quila versait de toutes parts. . . . .
. . . .

Ewan se jeta la face contre terre, en s'écriant : « Oh ! c'est bien vous, ma bonne maîtresse ! Par- » lez...... parlez..... » — Il avait reconnu la main et le flambeau. — Quand il se releva, tout avait disparu,.... et, bien triste, il s'en revenait, car l'auguste dame n'avait pas répondu. Louis Leroux s'en revenait aussi, et lui dit de loin : « Ewan, la » fontaine ! » — J'ai vu, repondit Nicolasic ; et tous deux rentrèrent chez eux.

Le lendemain, Ewan s'en fut se confesser à son curé dom Sylvestre Rodüez, et lui découvrit ces choses miraculeuses. « Illusions, répond dure- » ment le pasteur : ce n'est pas à des ignorans » comme toi que les saints daignent se révéler. » Parole qu'il paya bien cher, comme on verra plus tard...... Ewan s'en revint, la douleur dans l'âme. Chemin faisant, il s'arrêtait et se disait tout haut : — Pourtant j'ai bien vu. —

Quel miracle s'opère encore sur la terre du Bocenno ? La voilà qui s'agite, qui tremble, et qui résonne comme un écho du ciel : vous diriez la harpe des prophètes, lorsqu'elle accompagne la danse harmonieuse des sphères du firmament.

Ces vibrations éthérées, cette respiration des anges, ces soupirs des esprits célestes, que nos sens ne devinent pas, font tressaillir dans toutes ses fibres, le cœur d'un pauvre villageois.

Les heures s'écoulent, emportées sur les ailes de la mélodie. Nicolasic s'était trouvé ravi de sa demeure au milieu de la nuit, et transporté dans le Bocenno par une main puissante et invisible. Il reste long-temps immobile, et, prêt à succomber à des émotions trop délicieuses pour une âme encore en exil, il se traine jusqu'à sa grange, et s'étend sur des gerbes de seigle pour y trouver quelque repos.

Un bruit étrange vient le troubler encore. Est-ce le roulement du tonnerre qui bondit de colline en colline, ou le fracas des murailles qui s'écroulent, ou le brisement des flots qui osent dépasser la trace que le doigt de Dieu leur a faite? Non, c'est le mouvement solennel d'un grand peuple qui s'avance par tous les chemins, en un concours immense. Oh! ce tumulte est bien celui des hommes, car on entend des cris de douleur, d'invocation, de reconnaissance, de prière. — Pitié, pitié, mon Dieu! s'écrie Nicolasic. Mon Dieu, faites parler vos saints!—

Soudain, sur son nuage blanc, paraît encore la bonne dame de la fontaine des peupliers; mais cette fois elle a tempéré sa lumière. Elle parle, et sa voix est si pleine de douceur et de suavité, qu'elle peut avec la même puissance intercéder au plus haut des cieux, ou remettre la paix dans l'âme des hommes, ou calmer la fureur des tempêtes. Aujourd'hui elle ne s'adresse qu'au pauvre Nicolasic.

Sainte Anne.

Ne tremble pas, Nicolasic : je t'ai connu dès ta jeunesse une âme docile à mes conseils. Je suis Anne, mère de Marie.

Nicolasic.

Ma bonne maîtresse, ayez pitié de moi : je suis prêt à vous obéir.

Sainte Anne.

Ewan, ne te mets pas en peine, et ne crains pas les hommes : *Dieu veut que je sois honorée.*

Nicolasic.

Honneur ! honneur !

Sainte Anne.

Une chapelle dédiée à mon nom s'élevait sur la terre du Bocenno : il y a aujourd'hui neuf cent vingt-quatre ans et huit jours qu'elle fut ruinée... Nicolasic, rebâtis ma chapelle : *Dieu veut que je sois honorée !*

Nicolasic?

Honneur ! honneur !

Sainte Anne.

Pour toi, tu m'as honorée dans ta maison, et je t'ai donné la paix et la justice : Nicolasic, prends soin de ma chapelle.

Nicolasic.

Hélas ! ma bonne maîtresse, comment un pauvre métayer, qui ne possède pas de quoi bâtir une cabane de sabotier, pourra-t-il élever une église à la mère de Marie ?

Sainte Anne.

Le faible est fort dans la main du Seigneur. Tu sais le fou de la forêt, le pauvre Salaün : toute sa vie les sages ne l'ont-ils pas méprisé, parce qu'il ne savait que se balancer sur un arbre au-dessus de l'eau, en criant : Marie ! Marie !...

Quand il fut mort, un lys perça la terre qui pesait sur les os du pauvre Salaün. Au milieu de ses fleurs, plus blanches que la neige, se lisait en lettres d'or : Marie ! Marie !

Ce beau lys était la parole pure du pauvre fou de la forêt, car il prenait racine dans sa bouche ; et pourtant ce pauvre fou ne savait rien... rien que se balancer sur les branches au-dessus de l'eau, et répéter avec son cœur : Marie ! Marie !

Aujourd'hui, les grosses tours du Folgoat s'élèvent sur le tombeau de Salaün. Les grands et les sages de la terre viennent y répéter les paroles du bienheureux, du pauvre fou de la forêt : Marie ! Marie !

Ainsi parlait madame sainte Anne : sa voix faisait passer dans les veines un feu plus pur que la flamme d'Horeb, qui alimente la vie et ne la consume pas. Nicolasic a puisé un pieux enthousiasme à cette source divine : il se lève, saisit sa bêche en s'écriant : « Eh bien, ma bonne maîtresse, je vais à l'ouvrage. » Madame sainte Anne avait cessé d'être visible ; mais une étoile chevelue marchait devant Nicolasic. D'une voix retentissante, le bonhomme appelle tous ses voisins. Sans tarder, accourent Lézulid, Jean Leroux, Bloérec et bien d'autres.

Ils suivent la lumière éblouissante, qui, cette fois, ne conduit pas des mages de Chaldée.

Cette émanation du ciel ne se communique pas à tous : elle reste invisible à ceux qui négligent les sacremens, et pour eux se change en ténèbres...

Mais le nombre en était bien petit parmi les bonnes gens de Kéranna.

L'étoile trace une voie lactée, s'arrête sur le Bocenno, se balance trois fois, et se plonge dans les profondeurs de la terre.

Nicolasic tombe à genoux, et, levant une main au ciel, il indique de l'autre le lieu qu'on doit creuser. Leroux et Lézulid se pressent à l'ouvrage ; tous deux crient en même temps qu'ils sentent sous leur bêche un corps qui leur résiste et les fait trembler. Nicolasic se précipite, et retire de la terre l'image antique de sainte Anne...

Elle était revêtue d'auréoles resplendissantes. Tous passèrent la nuit en prières.

Ainsi fut retrouvée l'image miraculeuse de madame sainte Anne d'Auray, dans le champ du Bocenno, à Kéranna, en la paroisse de Plunéret.

Le 24 juillet 1625.

IV.

Architecture. — Inauguration.

Bien des années s'étaient déjà écoulées, depuis que la sainte image avait quitté le buisson d'aubépine qui, au milieu du chant des fauvettes, la défendait de ses branches, la couronnait de ses fleurs et répandait autour d'elle toute la suavité de ses parfums.

Dès lors une âme nouvelle, une âme douce et pure, une abondance de prières et de consolations s'étaient répandues sur le paisible village de Kéranna. A travers les landes, les taillis, les rochers, les bruyères, et du fond même des plus petits hameaux, une voix puissante avait appelé les Bretons vers leur bienfaisante patronne. Tous arrivaient, tous invoquaient, tous étaient secourus ; les aveugles voyaient, les sourds entendaient, les boiteux jetaient leurs béquilles pour s'en retourner.

Plus tard le pieux Nicolasic, aidé de ses amis, avait planté en terre les perches de ses pommiers, les chevrons de ses châtaigniers ; puis, les entrelaçant autour du buisson d'aubépine, il en avait construit une chapelle de feuillage. — Ce fut, dit-on, le panier d'une bergère, qui jeté au hasard dans un champ de verdure, révéla aux architectes de Corinthe tout ce que les feuilles d'acanthe, revenant sur elles-mêmes, et divergeant en volutes élégantes, pouvaient ajouter de beautés aux chapiteaux de leurs colonnes. Que ne se trouva-t-il aussi à Keranna, lorsque les paysans bâtissaient leur frêle édifice, un homme qui ait senti le souffle de l'esprit des choses saintes !

Sans doute il n'y eût pas rencontré, comme dans les forêts de la Germanie, le modèle d'une athédrale aux puissantes colonnes, aux ogives ascendantes, aux menaçantes nervures, aux sombres bas-côtés ; mais, dans le naïf enthousiasme de quelques bons villageois qui appelaient à leur secours tout ce que la plus simple nature leur fournissait de manifestations, de ressources, d'ornemens, que de touchantes inspirations n'eût-il pas pu recueillir et réaliser !

Ces jeux, ces accidens, ces dentelures d'un feuillage à travers lequel se glisse comme dans un asile la modeste lumière des hommes qui prient et qui méditent; ces groupes de petites colonnes jaillissantes, élancées comme la jambe d'un chevreuil, et retenues par l'entrelacement du saule et de l'osier; ces trèfles, ces spirales pourprées, ces treillis capricieux qui se dessinent en légers réseaux sur la demi-transparence du feuillage ; et la sainte image dans sa niche de fleurs, et le dôme si frais de ce petit oratoire environné de sombres chaumières, comme une jeune fiancée bretonne qui fait l'aumône le jour de ses noces : tout cela pouvait peut-être révéler à l'architecture des secrets qui sans doute lui resteront encore long-temps inconnus.

Mais chaque soir se fanaient les fleurs et les feuilles de l'oratoire du Bocenno, et le culte de madame sainte Anne devait durer plus long-temps qu'une feuille et qu'une fleur; c'était sur le granît qu'il devait se graver, et le temps en était venu.

Ce fut encore Ewan Nicolasic qui le premier apprit d'en haut comment devait être bâtie la chapelle de sa bonne maîtresse. Un soir donc il pensait profondément à toutes ces choses, quand il se vit enveloppé d'un immense pavillon d'azur, dont les plis tenaient au ciel et ondulaient aussi mollement qu'un champ d'épis caressé par la brise. Sous ce gracieux rideau s'agitaient des myriades de figures d'enfans, avec de petites ailes d'un bleu clair et d'une gaze imperceptible. C'était une ruche de chérubins qui sortaient, revenaient, planaient, tournoyaient en spirale, plus souple, plus dégagée que le jubé de Saint-Étienne ou du Folgoat. Ils tenaient entre leurs lèvres de légers fragmens d'arc-en-ciel, les déposaient en souriant, puis s'envolaient à tire d'aile, comme des abeilles qui vont chercher de nouveau miel. Ces fragmens aériens furent bientôt disposés avec ordre, comme les pierres d'un édifice; ils se développèrent en pleins-cintres avec leurs archivoltes, en autel avec ses frontons, en portail, avec ses voussoirs; et des rubans lancés en l'air dessinèrent les vives arêtes d'une tour avec son fanal, et les majestueux degrés de la *Scala Sancta*, où la figure de l'Ancien des jours s'échappe d'un monceau de nuages. Ainsi fut connu le modèle de la chapelle de Keranna. Tous les détails en étaient visibles en même temps; Nicolasic ne les oublia pas. Mais, achever parmi les hommes les travaux tracés par les anges, n'est pas chose facile assurément; et le bon villageois en fit une pénible expérience.

Depuis le curé de Plunéret, dom Sylvestre Rodüez, jusqu'à Keriolet, châtelain de Gouvello, depuis le clerc du collége de Vannes, jusqu'aux échevins de la ville d'Auray, il eut à souffrir des mépris, des dérisions, de longs et malveillans interrogatoires. Mais madame sainte Anne ne cessa pas de répandre partout ses bienfaits, et la foi des peuples secourus entraîna celle des nobles et des docteurs.

Dom Rodüez sentit serpenter dans la moëlle de ses os une flamme du purgatoire. Il se traîna de nuit à l'oratoire, tendit les bas vers la sainte image; tout lui fut pardonné, parce qu'il fit le vœu de dire la première messe dans la chapelle qui devait s'élever. Par la suite et d'année en année, il n'épargna pas les amendes honorables.

Keriolet, le fléau des saints (21), ne venait plus faire bondir son cheval noir au milieu des troupes de pèlerins qu'il foulait aux pieds. Il entreprit de longs voyages, il courut d'un bot de l'Europe à l'autre, il monta sur les pics du Mont-Serrat, persécuta les pélerins de Notre-Dame-de-Compostelle, se fit compagnon des pirates, et du sommet des montagnes, comme des profondeurs de l'abîme, il ne cessa de maudire la terre et d'insulter le ciel... On ignorait sa retraite, on tremblait de le voir reparaître; son nom jetait encore l'épouvante autour de Keranna.

Pour les sénéchaux, les échevins, les gentilshommes, les conseillers au présidial, ils étaient venus en grande procession, au nom de Louis XIII et de sa mère, porter dans une châsse de cristal cerclée d'or une précieuse relique de madame sainte Anne.

Tous les grands de la province étaient aussi venus en hâte à la cérémonie, car telle était la volonté du roi et de son ministre. Un grand nombre de jeunes filles couronnées de fleurs se pressaient autour de la précieuse relique; l'on écoutait avec délices un concert de violons et de hautbois du Poitou. L'évêque et le clergé, les religieux du monastère marchaient en chappes et beaux ornemens. Le duc de Montbazon portait la châsse de cristal, tandis que la bannière aux armes de France écartelées d'Autriche, s'avançait escortée par les capitaines des gardes du roi.

A travers champs, du côté opposé, on voyait

arriver en bon ordre la procession des paysans. Nicolasic ouvrait la marche, portant aussi, lui, sa bannière garnie de feuilles de chêne et de petites clochettes, et montrant d'un côté une croix, de l'autre la vénérable figure de madame sainte Anne.

— Les deux bannières s'étaient saluées. —

Et les paysans avaient chanté le cantique de Plunéret :

Chant de Plunéret.

Sainte Anne, mère de la Vierge, dans tous les pays du monde les anges ont bien souvent choisi de saintes places, pour que là vous fussiez servie.

Mais jamais, jamais vous n'avez été honorée comme dans le pays des Bretons, dans la petite paroisse de Plunéret, dans le parc qui s'appelle Bocenno.

Les hommes qui vivaient là dans les anciens temps, — peut-être plus de six cents ans sont-ils bien écoulés depuis, — élevèrent une chapelle à la sainte ; et la chapelle se tint long-temps debout.

Mais hélas! un violent orage tomba sur l'oratoire et le renversa... Il ne resta plus aucune trace... rien que le nom de Keranna.

C'est bien là que Nicolasic, son meilleur ami, l'a vue comme une respectable dame pleine de beautés, entourée d'honneur, de majesté, de gloire.

Certes, la vérité est arrivée, comme d'avance il l'avait apprise... C'est bien là que le monde accourt de tout pays pour chercher remède à ses souffrances.

Quand l'image d'Anne fut trouvée, le monde tressaillit de joie... Car souvent elle rend la santé; tous les maux elle sait les guérir.

O quand nous accourons vers la place qu'elle a choisie et sanctifiée, à Keranna en Plunéret, quelle confiance anime nos cœurs, quelles consolations nous sont données!

Quand sur la terre quelque grand malheur nous visite, nous songeons à votre pouvoir, et *la face tournée vers la tour de votre église,* nous implorons votre assistance.

Offrez à Dieu, ô mère de beauté, les vœux des gens de notre quartier, quand sur leurs deux genoux ils prient Dieu soir et matin, *en regardant la tour de votre église.*

Jetez au loin votre bénédiction sur les pauvres pêcheurs, chaque fois que vous rendant honneur *ils saluent de loin la tour de votre église* (22) !

Ainsi, depuis bien près de vingt années, la chapelle de sainte Anne entendait ces cantiques et recevait les pélerins.

Les prêtres montaient sur la *Scala Sancta*, pour bénir dans la plaine une multitude immense; des milliers de cierges brûlaient jour et nuit autour de la statue aux pieds de laquelle se déposaient les chapelets, les rosaires et les petites images cachées dans leurs niches d'ivoire. Les habitans des villes et des campagnes, nobles, bourgeois, marins, paysans, de près, de loin, se rassemblaient en grandes troupes dans les champs et dialoguaient leurs cantiques, dans les échos de la nuit, et comme les tribus d'Israël. Les murs et les voûtes étaient cachés sous des *ex-voto*, où l'on voyait toutes les douleurs soulagées par des miracles, depuis la douleur du matelot qui sombre jusqu'à la douleur de la jeune mère qui assiste au râle de son premier né.

Et il y avait bien près de vingt ans que tout cela durait.

V.

Dernier Pèlerinage.

Sur le chemin de Ménéhallan à Sainte-Anne, au brun de nuit, vers le 12 du mois de mai de l'année 1645, s'avançait un cortège dont la marche et la composition avaient quelque chose d'inaccoutumé dans le bon pays de Plunéret. C'étaient d'abord quelques moines pensifs, le capuchon baissé, les reins serrés d'un cordon : ils s'en allaient priant à voix basse, puis ils se répondaient doucement; mais ils ne chantaient, ils ne psalmodiaient pas. Si parfois ils relevaient leurs fronts penchés, c'était pour détourner la tête, et considérer d'un œil morne une petite charrette qui venait derrière eux. Deux bœufs attelés sous le même joug la tiraient péniblement, en balançant le timon; ils étaient conduits par un vieillard aux longs cheveux blancs qui, s'appuyant sur leurs cornes et trébuchant à chaque pas, soulevait avec peine ses pieds chargés de gros sabots de forêt.

Le vieux conducteur se donnait bien du soin pour éviter les grands cahots; mais il n'y parvenait guère, à cause de la profondeur des ornières que le temps et les passages avaient creusées dans le roc. Suivaient quelques femmes, en robes noires, le chapelet en main; l'une d'elles gémissait à briser le cœur. Parmi des mots inarticulés, on l'entendait crier : *M'ami paür!* mon pauvre ami!

Entourée de claies de saule que traversaient des poignées de paille fraîche, la charrette était recouverte d'un drap blanc qui se développait comme une tente au-dessus de ses membrures.

Ceux qui regardaient de loin disaient tout d'abord: — Ceci est un enterrement; — puis tirant leurs chapeaux, ils commençaient le *De profundis*. Pourtant ce n'est pas le soir que l'on enterre les fidèles dans la campagne. Il faut que de leur châsse, ils assistent à la dernière messe, et que, du haut de l'autel, le prêtre se tourne vers leur linceul, et dise : — *Le Seigneur te donnera le repos pour toujours*. — A d'autres le deuil de la nuit, le luxe des torches funéraires : pour le pauvre paysan breton, il enterre ses morts à la clarté du jour ; il s'agenouille sur la terre fraîche, près de la fosse encore ouverte; il saisit la pelle, et jette la terre en disant : — Sois légère à ses os ! — Il en écoute la chûte et le roulement funèbre, puis il regarde jusqu'au fond.

Qu'était-ce donc que ce cortége qui cheminait ainsi dans l'ombre déjà noire du chemin de Manéhallan à Sainte-Anne ? D'ailleurs pas de croix en avant, pas de chant de *miserere* qui se prolonge le long du chemin et se répète par des voix sanglottantes ; pas de ces petites clochettes, dont les glas alternatifs et monotones se répondent, comme les cris de détresse des âmes en souffrance. Le drap ne portait pas de croix blanche. Oh ! ce n'était pas un enterrement ! Et pourtant elle était bien triste la marche du cortége qui passait au-dessous des branches, le long de la route de Manéhallan à Sainte-Anne d'Auray !

Pour peu qu'on approchât, on entendait dessous une voix presqu'éteinte qui répétait: — La volonté

de Dieu soit faite! Elle ne disait rien autre chose.
— La volonté de Dieu soit faite! — Et chaque fois qu'elle l'avait dit, nul n'aurait pu savoir si elle allait s'éteindre, ou si, encore une fois, elle ferait entendre ses accens de résignation.

Etait-ce la voix d'un homme ou celle d'un enfant, d'un vieillard ou d'une jeune fille? Qui eût pu le dire? Il n'est qu'une voix pour les mourans; elle est basse et glaciale, et pourtant elle est entendue dans deux mondes en même temps.

Le pieux cortège s'avançait vers Sainte-Anne. Quelques-uns s'y joignaient sans rien dire. La charrette passa tout près de la fontaine miraculeuse, puis elle fit retentir la basse-voûte de la *Scala Sancta*, longea la chapelle et s'arrêta à la grande porte du couvent.

Au bruit, le prieur était descendu environné de tous ses frères. A l'empressement de ces hommes paisibles, on voyait qu'un événement important venait troubler leurs habitudes journalières de services et d'oraison. Aucun cependant n'osait interroger. Tous, rangés autour du prieur, attendaient ses ordres dans le plus respectueux silence.

Te voilà donc venu mourir sur la terre du Bocenno, dit le prieur d'une voix grave et pénétrante : sois le bien-venu! Dieu favorise ta mort comme il a favorisé ta vie. Tu vas finir sur la même cendre que nous ; madame sainte Anne te soit en aide!

Amen, répond une voix sortie du fond de la charrette.—C'était la voix du pauvre Ewan Nicolasic. Depuis bien des jours, il s'était éloigné du village de Keranna, car sa modestie repoussait les hommages que les pélerins se plaisaient à lui rendre ; il souffrait de leurs questions et de leur empressement, lui, le plus pauvre, le plus humble des serviteurs de sa bonne maîtresse ; lui, choisi par elle, parmi les petits et les faibles, pour qu'elle manifestât plus glorieusement sa puissance aux yeux du monde. Il le savait bien ; le pauvre Ewan ; aussi se tenait-il caché à Manéhallan ; et quand il voulait passer quelques heures édifiantes sur la terre des miracles, revoir les lieux où fut la chapelle de feuillage, il s'en venait seul et le soir, puis il se retirait au fond d'une petite cellule que par une faveur toute spéciale les pères du Mont-Carmel lui avaient ménagée dans le couvent. Il repartait à la première aube, et retournait à ses travaux après avoir entendu la messe.

Ainsi Nicolasic attendait que sa vie fût remplie de jours ; — et le temps était venu.

Les religieux s'empressèrent de retirer le moribond de dessous son drap blanc, et le couchant sur leurs épaules, ils le portèrent dans la cellule et le déposèrent sur son matelas de cendre. La croix et le bénitier furent mis au pied.

Lézulid le suivait, le vieux Lézulid, qui devait survivre de quelques jours à son ami. Cette fois, pour dernier service, il avait conduit la charrette à travers les chemins difficiles, fidèle exécuteur des dernières volontés du vieil Ewan, qui voulait mourir à Sainte-Anne, dans sa petite cellule. Lézulid et quelques autres furent admis dans l'intérieur du couvent. Guillemette Leroux, la compagne d'Ewan, dont elle avait partagé tant d'années les joies et les tribulations, s'avançait aussi pour assister à ses derniers momens. Mais les femmes ne pouvaient dépasser le seuil; le prieur fut inexorable. Alors la pauvre Guillemette s'assit à la porte, sur la pierre des mendians; puis se cachant la tête dans son tablier, elle se prit à pleurer en s'écriant douloureusement : *M'ami paür, m'ami paür !* mon pauvre ami, mon pauvre ami !

On avait vu dans la journée un homme enveloppé d'un manteau noir se promener près de la chapelle. Pendant long-temps il avait tourné sous les arceaux du cloître, et autour du rocher du calvaire; il se couvrait le visage et poussait de profonds soupirs. Ses gestes exprimaient le doute et de violens combats : on le voyait arrêté, immobile ; puis d'un pas convulsif s'avançant vers la croix, il commençait à fléchir le genou ; mais il n'achevait pas.... Tout-à-coup il se relevait avec une sorte de désespoir, et sortait précipitamment pour revenir quelque temps après recommencer ce drame mystérieux. Cet homme entra dans le couvent, à la suite des religieux ; et, sans que personne y fît grande attention, il se rendit à la cellule où l'on portait Nicolasic.

Le spectacle qui s'allait présenter était d'un bien autre intérêt pour les religieux et les bons paysans : ils allaient se presser autour de la couche d'un mourant.

Un juste avait eu la faveur de converser avec les saints, de les voir face à face. Aujourd'hui le oilà sur le seuil de l'autre vie. Comment, pour cet homme privilégié, va s'opérer le grand passage ? Les anges viendront-ils l'assister, soutenir son courage, recueillir son dernier souffle, et s'emparer de son âme au moment du départ, pour lui former un saint cortège, lorsqu'elle s'élancera vers le ciel ? Que de hautes révélations dans la mort du juste ! Que de messages ne voudrait-on pas lui donner ! Pour l'homme le plus fidèle, pour le pieux cénobite lui-même, il y a encore au-delà du trépas bien des redoutables PEUT-ÊTRE. Au milieu de ces pensées, tous avaient les yeux fixés sur Ewan, qui gisait étendu sur une couche basse. Pour dernier honneur les pères l'avaient revêtu d'une tunique de l'ordre du Mont-Carmel.

Les uns à genoux, profondément inclinés, la figure cachée dans les mains, laissaient voir leurs crânes dépouillés, et récitaient les prières des agonisans ; puis ils baisaient la terre et restaient prosternés pendant long-temps. D'autres debout, la tête couverte de leurs capuchons, méditaient profondément Quelques-uns, les yeux fixés sur le mourant, essayaient de surprendre sa pensée dans ce moment des suprêmes révélations. Partout un recueillement profond sur des visages calmes et résignés.

Il faut excepter l'homme au manteau noir ; il se découvrit enfin, laissant apercevoir des traits altérés par une amère douleur. Il se mordait les lèvres jusqu'au sang et respirait à peine. — Sir de Keriolet, dit le prieur, comment vous trouvez-vous ici ? Venez-vous troubler le départ des mourans ?

C'était bien Keriolet, mais qu'il était changé ! Ses yeux abattus avaient perdu ces flammes que lui soufflait l'esprit du mal. Si parfois, au fond des orbites et dans l'épaisseur de ses sourcils, son regard semblait s'animer, c'était l'éclair qui traverse un ciel noir ; et puis il retombait sur lui-même. A ces vives paroles du prieur, serrant des mains amaigries et tremblantes : — Monsieur le prieur, répondit-il, j'ai vu à Loudun l'enfer s'agiter dans le sein des pécheresses ; je suis ici pour voir si le ciel possède aussi bien le cœur des justes.— Eh bien ! voyez et jugez ! répondit le prieur.

De tous côtés on récite les prières des agonisans.

« Seigneur, nous vous recommandons l'homme
» que vous avez créé ; il a fini l'ouvrage que vous
» lui aviez donné à faire. Vous ne dédaignerez pas
» un cœur contrit et humilié. »

Keriolet tressaillit.

Au loin les pélerins chantaient dans la campagne :

  O santès Anna Bénéguet
  C'hui zo guet en oll inhouret;
  En dud, er sent, ag en elé
  E gan hou mélodi bamdé.

« O sainte Anne bénie de Dieu ! l'univers vous honore ; les hommes, les saints et les anges chantent tous les jours votre mélodie ! »

Mais au milieu des chants, des prières et des psalmodies, quelques cris plaintifs traversaient la fenêtre de la petite cellule ; on entendait :— *M'ami paür! m'ami paür!* mon pauvre ami ! mon pauvre ami !

C'était la voix de Guillemette Leroux, qui était restée assise sur la pierre des mendians.

Etendu sur sa couche comme sur une pierre tombale, les tempes déjà livides et serrées, Ewan ne manquait pas de répondre aux prières. Il écoutait les chants lointains des pélerins, avec l'expression d'un paisible contentement, mais il défaillait aux cris plaintifs qui venaient du dehors. Enfin réunissant péniblement ses forces, il parvint à faire entendre ces paroles : — Monsieur le prieur, faites dire à Guillemette qu'elle ne pleure pas ; je prierai Dieu qu'il ne la laisse pas derrière moi. — Demande aussi pour moi, dit le vieux Lézulid, qui se tenait à genoux dans un coin. —Va ! je n'oublierai pas ! reprit Nicolasic. — Bénédiction sur toi! *Benéeh toué arn'oc'h!* répond le vieux compagnon de sa vie. Cette sérénité des hommes justes bouleversait le cœur de Keriolet; il voulait aussi, lui, dire quelques mots au mourant, le toucher de sa main ; — il approche :

KERIOLET.

— Dis-moi.... ne sens-tu pas des remords à ta dernière heure ?

Nicolasic.

Je n'entends pas.

Keriolet.

Ne sens-tu pas dans ton cœur une meule qui te ronge, de la glace, du feu, des poignards... des remords !

Nicolasic.

Je n'entends pas...... Quel mot ?

Keriolet (*douloureusement*).

C'est un mot qui déchire.

Nicolasic.

Ma bonne maîtresse ne me l'a pas dit.

Keriolet.

O pureté d'âme ! (Il tombe la face contre terre.) sainte Vierge, ne me rejetez pas !

Le Prieur.

Notre-Dame du Mont-Carmel, ayez pitié de lui ! Fais pénitence, la mère de Dieu comptera tes larmes et les recueillera dans l'urne de miséricorde.

KERIOLET.

Pénitence ! Pénitence ! Celui qui a tout profané, tout souillé, tout blasphémé, versé tant de déshonneur, ensanglanté tant de familles, déchiré tant de poitrines, celui qui a vendu la justice, en face de Jésus crucifié; celui qui a couru sous le soleil, pour prendre le cimeterre, et posé le turban sur un front baptisé....... Un renégat qui a insulté à la foudre du ciel......... Ah ! quand son âme se briserait !......

Psalmodie des Religieux.

Non est pax ossibus meis, a facie peccatorum meorum.

Afflictus sum et contristatus sum nimis, rugiebam a gemitu cordis mei......

« Il n'est pas de repos à mes os, en face de mes crimes. —»

« Affligé, désolé, je rugissais les gémissemens de mon cœur..... »

Chant lointain des Pèlerins.

> Ave, maris stella,
> Dei mater alma,
> Atque semper virgo,
> Felix cœli porta.
> . . . .

« Salut, étoile de la mer ; salut, douce mère de Dieu ; Vierge toujours pure, heureuse porte du ciel.... »

   Keriolet (*toujours prosterné*).

Sainte vierge, ne me rejetez pas !

   Le Prieur (*offrant un cilice à Keriolet*).

Dieu ne rejettera pas un cœur contrit et humilié.

A l'instant Keriolet se ceignit les reins de ce redoutable vêtement et *se voua pour toujours au service des pauvres*.

Cependant, à la lueur rougeâtre et vacillante de deux flammes d'acolythe, on reconnaissait quelques signes alarmans dans la physionomie du bon Nicolasic.

Le front se ride, et les sourcils se rapprochant,

indiquent la présence de la dernière pensée. On aurait dit une de ces figures de marbre assombries par les siècles, si sa poitrine ne s'était pas agitée par momens, comme une cloche brisée qui sonne sourdement ses derniers glas. — Partez, âme chrétienne, dit le père Ambroise, en lui plaçant un crucifix sur les lèvres. — Non, s'écria le prieur, non !... âme chrétienne, encore un moment ! — Il sortit... Puis il ne tarda pas à revenir, portant l'image miraculeuse. Il s'approche du moribond.

Le Prieur.

Toi qui vas paraître devant Dieu, as-tu pour sa divine aïeule la confiance que tu as montrée pendant ta vie ?

Nicolasic.

Au dernier jour, comme au premier... J'ai toujours dit la vérité... Daignez approcher la sainte image.

Le Prieur.

Ewan, le moment est venu, tu vas mourir à ses pieds.

Nicolasic.

Oh ! je l'espérais bien !!
Il sembla retomber dans l'affaissement.

Voilà que peu à peu un rayon de joie parcourt tous ses traits; ses yeux s'ouvrent, son teint se colore et le sourire des bienheureux semble reposer sur ses lèvres. C'était une de ces nobles figures de vieillard, telle qu'on nous représente le grand-prêtre Siméon lorsqu'il prit le Sauveur entre ses bras, et qu'il chanta l'hymne d'adieu : — « Seigneur, maintenant vous renverrez en paix » votre serviteur. » — Ou bien le prince des apôtres, quand les anges vinrent briser ses fers, le conduisirent à travers ses gardes endormis, et enveloppèrent son majestueux visage de leurs célestes auréoles.

Ewan se souleva, et fixant d'un côté de la cellule des yeux attendris, il s'écria : — C'est bien vous, ma bonne maîtresse, vous ne m'avez pas abandonné... Voilà votre nuage blanc, votre belle tunique... Voilà le Bocenno, les petits anges bleus, les peupliers de la fontaine... Oh! que vous parlez doucement!

Nicolasic avait retrouvé toutes ses divines extases, et fut les continuer dans le ciel. Il retomba... — Mais cette expression de béatitude ne quitta pas sa dépouille mortelle.

Les paysans sortaient du couvent tout silencieux, tout pénétrés de ce qu'ils venaient de voir. Ils s'arrêtent : une femme était couchée sur la pierre des mendians, la tête enveloppée dans son tablier; elle

balbutiait comme dans un rêve : *M'ami paür!...
m'ami paür!...*

Ce fut le dernier mot de Guillemette Leroux.

Ewan Nicolasic fut enterré dans la chapelle, au pied d'une colonne, dans la place même où l'image miraculeuse avait reposé neuf siècles durant.

On lit sur une pierre, à quelques pas de là :

Cy-gist Pierre de Keriolet.
Conquête de Marie
Il en fut le plus fidèle et zélé serviteur.

FIN DES ÉTUDES SUR LA BRETAGNE.

NOTES

SUR GUIONVAC'H.

---

(1) *Poul-du.* — Trou noir.

(2) *Sonen.* — Ballade.

(3) *Yan-er-Homzour.* — Jean-le-Causeur. La coutume d'ajoutér au nom d'un individu une épithète caractéristique est très-répandue en Bretagne. *Yan-Bras*, Grand-Jean, *Piar-er-Ridour*, Pierre-le-Coureur. On remplace même très-souvent le nom propre par le nom du métier : *Mélinaire*, meunier ; *fournerr*, fournier ; *mercer*, mercier ; etc. Ce nom s'applique à toute la famille comme un véritable nom propre, et finit, au bout d'une ou deux générations, par devenir le seul qu'on se connaisse.

(4) *Marivonic.* — La terminaison *ic* indique les diminutifs.

(5) *Bragaw-bras.* — Larges culottes serrées à la ceinture, et faisant sur les cuisses une multitude de plis. Elles ne descendent pas au-dessous des genoux. Les bragaw-bras ne sont plus portées dans le Morbihan, si ce n'est dans quelques paroisses reculées. (Voyez sur les costumes, p. 277.)

(6) *Favennec.* — Personnage grotesque de la troisième étude. (Voyez page 217.)

(7) *Tourigan, Touriganet, Osignanet, Poulpiquet.* — On désigne sous ces noms diverses tribus d'êtres malfaisants et difformes, qui jettent des sorts sur les troupeaux, et affligent de leurs maléfices le pays qu'ils fréquentent. On se les représente tantôt sous la figure de chauves-souris d'une grandeur démesurée, tantôt sous celle de chevaux sauvages, tantôt sous une forme humaine et grimaçante. Les traditions à ce sujet varient à l'infini et portent presque toutes un caractère tragique.

(8) *Le Golern'.* — Vent du S.-O.

(9) *Coureau.* — Bras de mer compris entre une île de forme alongée et la pleine mer.

(10)

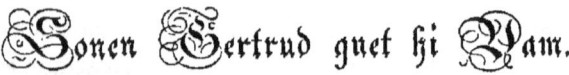

Ma mam din a laveret
En autru er c'homte da péleac'h ê voët
— Da charséal der choat ê ma voët,
Da béric, ma mcc'h, ê zeï do guélet.

—Hir bras e gavou er nozac'h ma,
Ac autru er c'homte peleac'h ê ma ?
— Guénoc'h, ma mec'h ê m'omp souhet,
Pé houled quémet a liès hô pried.

— Halas ! ma mam, lavaret din
Péréac a can er béleïen en ti
— Rac er paour quez e n'eus ni longet
A zo guénoemp er noz man dicédet.

— Laret té ma mam pedi doué ganto,
Me a meuz argant ac a beô.
Ma mam goulen a raon c'houas
Péréac a son er cleïer er glas.

— Map bihan er Roé zo marô
A zon er cleïer ganton peb brô.
— Ma mam, brémé dimé lavaret
Péréac e c'hoel er domestiquet.

E guelhi er c'houë ê mon bet
Er licer caër en dent collet.
— Laret dê ma mam, ne c'hoélen quet
Me meuz argant evit cahouet.

Gant autru c'homte e momp souhet
Pe ne za quet prompt da ma guélet.
Halas ! ma mam lavaret din
Pe ru pe glas ïen dan ilis.

— En habit ru en deuz goulened
Ac unan du e zô dei reïl
— Ma mam, dimé a lavaret
Péréac en habit du din brésantet.

— Halas ! ma mec'h deut e ar guis
E iant en intronnez duen ilis.
— E bar er vérêt pé voa intréét
Bé hi fried en deuz guélet.

— Peré doc'h ma sud a zo dicédet
Pé ma en doar né fresquet
— Halas ! ma mec'h n'allon narc'h mui
Ho pried paür e zo en hi.

Déled, me mam en alveou
Conduët en deniou paür,
Discouet dehè pedi doué abret
Ho map, ho vec'h zo dicedet.

(11) *La Soule.* — Les jeunes gens de deux paroisses voisines se rendent, à un jour convenu, dans une lande située à la limite des deux communes. On trace un camp pour chaque parti; puis on lance un ballon (*la Soule*), dans l'intervalle qui sépare les deux camps; les jeunes gens se précipitent pour la *loger* dans le camp de leur paroisse. La lutte est acharnée et dure plusieurs heures, non sans danger de quelques collisions sanglantes. Une paroisse est fière de loger souvent la Soule, comme de gagner les prix dans les luttes.

Sonen er Preton Yoang.

Doué oll buissant, c'hui a len em c'halon
C'hui a gont ma daëlou, ma hunvenadou don,
Guélet hac estimet ar moment hac en hur
Ê vô fin dam poéniou ha dam displijadur.

Daü vloas zo tréménet, na goutan quet ar rest
Ê voa ordrenet tin ambarqui voar rad Brest
Eléac'h ma moun bréman hac a vin martreze
Bedec e deis truheus e vo fin dam buhé.

Pa arruis er lestr, ma souez ê voa bras
Ê velt eur seurd gastel ê vrallo voar dour glas;
An aud ével ur c'helc'h e velen pel diouzen
Ê ranno ê daou bez ar mor don ac an êc.

Bec ar guernennou zo pelloc'h de meus er daour
Êvit eus ar vézèt bec an uëlla tour.
Querdeu bras ha bihan, neuzé ar perroquet
A dreuz voar peb guernou a form crozo parfet.

Guelt oc'h peus da vitin ar dro dar radenglas
Neut croazet a pep tu, coulz ha hed hac a gras,
Voar eur vatimant zo aliesoc'h a gordeu
Evit a neuden zo an dro d'ar radeneu.

Pevar-uguen canoneü, daou uguent é peb tu,
Stouvet gant lieg guen o horf livet é du,
Bombou, perierou, fusiliou, mousqueton
Ar gléven an e hemp quen a zève ma halon.

Doué oll buissant, hui a len em c'halon,
Hui a gout ma daëlou ma hunvenadou don,
Guélet hac estimet er moment ac en hur
E vô fin dam poéniou ha dam displijadur.

(13) *Momie de Landeda.* — Dans la paroisse de Landeda, on trouva, en creusant une vieille tombe, le corps d'une femme parfaitement desséché et momifié.... Ce fait parut miraculeux aux bons paysans; on mit un tablier à la sainte, et on la plaça debout dans un reliquaire, où elle est encore aujourd'hui, toujours bien sèche et bien honorée.

(14) *Penn-bac'h, bâton à tête.* — Sorte de bâton assez mince, et terminé par un gros nœud. C'est l'arme favorite des Bas-Bretons, et elle est souvent redoutable entre leurs mains.

(15) *Boudaü.* — Célèbre lutteur. (Voyez la troisième étude, page 255.)

(16) *Guin-ardent, vin brûlant.* — Eau-de-vie.

(17) *Doll-men, galgal, menhir, peulvan,* etc. — Monumens du culte Druidique. — Peulvan (*peul-van, vaen, maen, men, pilier de pierre*), ou menhir (*men-hir, pierre longue*), pierre grossièrement taillée en long et implantée verticalement dans le sol. Ces pierres sont quelquefois jusqu'à douze pieds de hauteur. — *Doll-men* (*table de pierre*). Il y en a de plusieurs espèces; la plus simple est le trilithe ou *lichaven;* il est formé de deux peulvans d'égale grandeur, surmontés d'une pierre transversale. Dans le doll-men ordinaire, les pierres verticales sont au nombre de trois et quel-

quefois plus : celle qui les surmonte transversalement est carrée, et plus large que les supports. On y distingue souvent des ébauches d'ornemens grossiers. Quelques-unes présentent une excavation qui rappelle la forme humaine, et que l'on croit avoir été destinée à fixer sur l'autel le corps de la victime. On trouve dans la lande de Lanvau, de Meucon à Saint-Jean Brévelay, la table d'un de ces doll-men, portant quelques traces presque effacées d'une pareille excavation, mais remarquable par un enfoncement en forme d'entonnoir qui devait communiquer avec le cou, et descendait jusqu'à terre. Etait-ce pour faciliter l'écoulement du sang? Quelques-uns de ces doll-men ont quinze ou vingt pieds de longueur, et de huit à dix d'élévation. Les plus grands sont partagés en compartimens intérieurs, et il n'est pas rare de voir les mendians et les sorciers en faire leur habitation. Une suite de doll-men rapprochés sans intervalles, constituent une *allée couverte*; on en trouve de fort étendues, qui ont intérieurement la forme d'un long corridor, terminé à l'extrémité par une sorte de salle circulaire. — *Tumulus*, petites collines artificielles qui renferment intérieurement de grossiers ouvrages de maçonnerie, et quelquefois une allée souterraine. On croit que ce sont les tombeaux des Druides et des chefs. — Le *galgal* est un tumulus formé d'une multitude de pierres ou cailloux amoncelés; chacun de ceux qui assistaient aux funérailles apportait sa pierre pour former le tombeau. Quelques antiquaires ont pensé sans fondement que les galgals étaient composés des pierres mêmes avec lesquelles on avait lapidé un coupable. (Voyez pour compléter cet aperçu sur les ant. Celt., la note 1 des études.)

(18) *Couril*. — Les courils sont une famille de follets moins tragique que celle des Tourigans. Leurs sorcelleries ont surtout le caractère de malices, et quelquefois ils rendent de petits services, surtout aux jeunes filles. Ce sont de petits hommes lascifs qui dansent sur l'herbe au clair de lune, et jouent au palet avec d'énormes rochers. Si l'on rencontre le matin l'herbe brûlée en rond dans le pré, c'est que les courils y ont dansé la nuit précédente : on n'a garde de laisser paître les vaches à l'entour.

(19) *Pardons*. — Pélerinages à de petites chapelles isolées, le jour de la fête du Saint. Ce sont tout à la fois des jours de plaisir et de dévotion.

(368)

(20) *Reuz.* — Souffle impur, mauvais vent des sorciers.

(21) *Bignou.* — Bénigueu, cornemuse en tout semblable à celle d'Écosse. Le bignou, accompagné de la bombarde, sorte de hautbois, est l'unique orchestre du bal. La musique d'église est plus guerrière; elle se compose aux grands jours d'un tambour et d'un fifre, qui alternent avec les chants du chœur. La veille des fêtes solennelles, lorsque la nuit est sereine, on place sur les hauteurs de vastes bassins de cuivre remplis d'eau, sur le bord desquels on presse des joncs. Il en sort des sons continus, monotones, mais qui s'harmonisent agréablement avec les bruits d'une nuit d'été. Sur le bord de la mer, cette musique s'entend à plusieurs lieues, et mêle ses notes aiguës à la basse solennelle des vagues.

(22) *Tenercac'h.* — Tir à la cible. Le prix est ordinairement un mouton, un coq, etc.

(23) *Cacous.* — Race particulière qui paraît descendre des Ladreries. Les cacous sont méprisés; ils ne trouvent à s'allier qu'entre eux. Ils exercent ordinairement la profession de cordiers.

(24) *Ker-nitrâ.* — La syllabe *ker*, qui entre dans la composition d'un nombre considérable de mots, signifie *le beau*; ker-nitrâ, *le beau-rien*.

(25)

Sonen Jacquette er Gallaü.

Bac'h eur mélin en abbati
E zo ter mec'h Yoang
E zoug er boteu ler mélèn
Guet er blougau argant.

E zoug er boteu ler mélèn
Guet er blougau argant

Quen e laré er botret Yoang
E ré man dès argant !

Jacquette er Gallaü é laré
De mam, hi zad en dé :
Ma ne garet me dimézin
Me i hiei de valé.

Ma ne garet me dimézin
Reingü digne me fantasi.
Me huisqueign me botegau mélen
Hac e yei den hostelleri.

Quer ar béren pe vai mélen
E zo mat de zébin
Sihoac'h, sihoac'h dem halon
Faut ne don dimézet.

. . . .

Quemer Jacquette te botegau
Ha des en hostelleri
Muioc'h plijadur ne zo quet
Bac'h lec'h ag er hountri.

(26) *Chouric.* — Le chouric ou bavalan est un tailleur qui brocante des mariages. Lorsqu'il va faire la proposition à la famille, il porte un bas bleu et un bas blanc. Si on lui offre des crêpes après la demande faite, c'est une preuve qu'elle est accordée. Un tronc de chou placé sur la porte est le signe du refus.

(370)

(27) *Guillaü-Dall.* — Nom d'un aveugle mendiant. (Voyez les études, page 300.)

(28) *Corkenn*, corset, sorte de *juste* sans manches, échancré sur le devant et lacé avec un ruban rouge. (Voyez sur le costume des femmes, page 214.)

(29)

EVIT GOULEN DIN DEN COUZ A REÏ EUR PLAC'H DA EUREUJI.

AN DEN YOUANC.

Ne lavar den netra, me rei va bolonté
Me fizio er sclérijen e meus digant doué,
Da c'houlen e assistanç. Quent avanç davantach,
En eum glèvomp assemblés ha gréomp sin ar groas.

En hano en tad éternel, hon mœstr hac hon roué
En hano an eil ferson, guir den ha guir doué,
En hano ar speret santel, a ro er Sclèrijen,
An ners din da drec'hi hon oll adersourien.

Partiomp var guémeuse, pa omp, ni assemblet
Bedec hé zy da c'houlen ar voues a euret,
Ha saludomp an den goz gant guir humilité
Zac aon na memb o refus pa c'houlfomb diganton.

Salud vestr an ty-man. Bézit ar vadeles
D'am selaou en tout o tor gant va c'hompagnounès
O c'houlen permission da entren en o ty,
Zac er mès ne gredan quet goulen ma eurédi.

AN DEN COZ.

Noc'h eus ma surprenet, n'en doc'h quet deut eb gout
Zac clévet em boa lavaret e iteac'h arruout,
Antreit, va mignonet, hac azeit eus tol,
Ma tijunfomp assemblès ha neum glèvomp oll.

AN DEN YOUANC.

Débrèt a meus hac evet ar pez a rê va mad
Eru co va amzer da c'houlen va mennat :
Dec'h en eum recommandan, va mœstr ha va faëron,
C'hui a laquan da ober an disposition.

AN DEN COZ.

Parlant a rès en furnès, hervé va santimant
Mès ret e vê dit laret da bétra oc'h eus c'hoant
Quent m'a alfen o sicour eus ma meus ar pouvoer,
Ranquan beza clevet un darn eus ho miser.

AN DEN YOUANC.

Ar guestion à laret, va faëron a zo guir,
Rac me voa chozet gantè evit clevet ho quir,
Hac ho pedi humblamant da zout da accordi
Ha pennes da rei dezè da vont da eureuji.

AN DEN COZ.

Roët em boa va c'honje dèze da zemesi,
Ha breman roan adare da vont da eureuji :
Ho c'heuill a reï pen da pen bèdé fin ho deves,
Da renta honor dézé ha do c'hompagnounès.

AN DEN YOUANC.

Finissa ra va chagrin goudé ma meus clévet
E tremenin va deves gant pep fort joansdet :
Var ze en eum ententomp, ha demp, bihan ha bras,
Quent partia da ober hon action a c'hrac.

AN DEN COZ.

Ya, onnes ar gaëra a onflemb da ober,
Da c'houlen digant doué er chanç hac ar bonhur,
Dan daou den e prétantomp da gas dâ eureuji
Ma veziut victorius pa deuint da gombatti.

AN DEN YOUVNC.

Finisset eo ar beden ; breman e c'houlennan
Bennos he zad hac hi dud eviti da guenta,
Ha neze ni bartio gant peb sort jouaüstet
Dan ilis de eureuji gant énor ha respet.

AN DEN COZ.

Me a ro de va bennos deus a greis va c'halon,
Jesus da roï assembles e venediction.

AN DEN YOUANC.

Eseusit compagnunes : quent evit finissa
Leveromp un de profondis d'an eum dispartia,
A galon en délivranç d'an anaon décédet
Perè a ouffe bea er paniou arrètet.

(30) Ce fait est historique ; il a eu lieu dans le courant d'avril 1833, dans la paroisse de Canihuel, diocèse de S.-Brieuc. L'auteur de cet acte d'héroïsme était un simple journalier nommé Yan Jégou. Il prononça les paroles que dit Guionvac'h. Il étouffa le chien et mourut quelques heures après..... *Il était père de cinq enfans !*

NOTES

SUR LES ÉTUDES.

(1) *Témène.* — Enceinte sacrée formée par des pierres druidiques, ou par de larges et minces pierres bleuâtres, posées debout, et formant un mur circulaire. Au milieu est ordinairement un men-hir très-élevé ou un doll-men. L'enceinte sacrée a quelquefois la forme d'un carré long, et est remplie d'une multitude de men-hir alignés. Le nom celtique des témènes circulaires est *cromleck.* (*Crom*, courbe; *leck*, pierre.)

(2) *Méné-hom.* — La plus haute montagne noire, véritable *monte-rotundo*, qu'on aperçoit de tous les points du Léonnais.

(3)

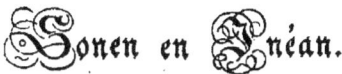

 Me cud paür ne veh quèt zouèt
Ar toul ou nor mar d'homb digoeit ;
Jesus e dès em zigasset
D'où tihuéneign mar m'oh cousquèt.

 Jesus e dès em zigasset
D'ou tihuéneign mar m'oh cousquêt,
D'ou tihuen diar ou hun quétan
De pedeign Doué guet en inean.

 Hui zo n'hou cuélé cousquet ès
En inean paür e zo diès,
Hui zo n'hou cuélé cousquet mat
En inean paür e zo divat.

 Pedet, quérent ha mignonet,
Rac er vugalé ne rand quet,
Pedèt, quèrent, amiet bras !...
Rac er vugale zo digas.

 Er licer guen ha pemp planquen,
En torchen plouz didand hou pen,
Ha pemp treutad doar ar hou caign,
Chetu madeu ag er bed men.

Gniriès Vari mam de Jesus
Hounan er sonen truhéüs,
Hounan er sonen truhéüs
Deit ag enn ninhue à berh Jesus.

Marcé ma hon tad pé hou mam
Barh er pulgatoër enn tan ffam,
Marcé ma hou breur pe hou hoër
Barh en tan flam er pulgatoër,

E mant onon arr hou guenneau
Tan à zelhué, tan à zianau,
Tan à zelhué, tan à zianau,
Crial e rand d'ou pédennau.

Guéhésal pe ouen barh er bed
Me boué quérent ag amiet,
Me bourman pé d'homb marhuèt
Quérent, amiet ne mes quèt.

Ha pè det, d'er foër, der marhat
Casset guénoh musuliau mat.
Guet err musul vusuleheit,
E rei Doué d'oh pe varhouéhet.

Bion ag hou cuélé dispuénet
Ar en doar hou dau treid laquet,
Ah me né veh quet er clinhuet,
Pe guet er marhue galuet.

(4) *Louzou.* — Herbe magique, ou tout autre moyen surnaturel.

(5) *Poulbran.* — Trou du corbeau.

(6) *Yan-Bras.* — Grand-Jean. *Pen-marck*, Tête-de-Cheval, (nom d'un écueil). *Guen-ael*; ange blanc, etc.

(7) Voici la terminologie des luttes. *Lamm*, chute sur le dos. *Costinn*, chûte sur le côté. *Peeg-gourn*, croc de lutte. *Cliquetzoon*, tourniquet à fond.

(8) *Potric.* — Petit enfant. Ce diminutif a dans le breton un charme que la langue française ne peut pas rendre : de même, dans la ballade d'Alanic, ces mots *m'en doucic*, qui signifient, ma douce enfant, ma douce petite.

(9) Chilaouet ac a gléfet guël a zé, ne mez den bouhar a vè ; ac mar zô, en eil a lavaro d'iguilé.

(10) *Truhec.* — Terme de mépris, chétif.

(11) *Linç, linç.* — Place, place. Dans la représentation des tragédies (car il y a aussi une scène bretonne), deux hérauts placés aux deux coins du théâtre, crient par intervalles : *chilaouet*, écoutez! Et ils accompagnent cet avertissement d'un coup de fusil ou de pistolet.

(12)
  Choéset me bouè er plac'h yoang
  Hi e garan perpet :
  Mès, halas me halon paür!
  Hi dès me zileset.

  Pé greden en em harè
  Coutant ouè me halon :
  Bourmen, pe don didrompet
  Ia, goll glaharct on.

M'ar me cahuet m'en doucic,
Ne zélet quet d'oh eign,
Zel er haranté tromplus
Ne de quet éhui t'eign.

M'ar me guélet m'en doucic
Ha pé veign me hunon
Dalhet hou comzau guen oh
Drouc e rand dem' halon.

Ha pé gléhuan en druhunel
De ganeign ar er bar,
Me lar gahus è hi halon
Ne quet pel d'oh hi far.

Ha pè veign marhue, m'en doucic,
Hui lareign ar me bé :
Chetu bé en den yoang
Marhue guet caranté.

(13) Cette lutte centenaire a eu lieu dans la paroisse de Plunéret, en 1826.

(14) C'est le dialecte de Léon, le dialecte attique. Les deux principaux dialectes sont celui de Vannes et celui de Léon. Ce dernier est le plus harmonieux. (Voyez sur les dialectes, études, page 278.)

(15)

Speret-Santel, anflamit va speret,
Da gana ur c'hantic evit ar Vretonet,
Var sujet un exempl pehini so âruet
Bhars e Breiz-Izel, e mis hu tremenet.

Crena ra va c'halon ive va oll memprou,
Va daoulagad ne reont nemet scuilla daelou,
O ! tont da gonsideri peguen trist eo ar matier :
Goulen a ran sicour eus ar Verc'hes santel.

Un den yaouanc, siouas, voa n'em abandonet,
Goude ma voa maro e dud gand ar c'hlénved,
A voa n'em ebandonet da bep seurt tristidiguez
Da bep sort tristidiguez, da bep sort paourentez.

Evel ma voa yaouanc, ne grede clasq netra :
Tud vad, dre charite a gasse tamou dezâ ;
Evel ma voa yaouanc e teujont d'er scandalat,
Pa ne gare sevel ha mont da labourat.

Souff a ra mil injur gant guir baciantet,
O laquat e fiziañç er Verc'hes bniguet,
Dre m'en devoa he imach hac hini ar bassion,
Ha ma rê diraze bember e oréson.

Un nozac'h eus ar c'hontre, un den eus ar c'harter
A deuas d'e velet, o clêvet e viser,
En eur lavarat dezàn : deus d'am zi da labourat ;
Ar paour-qès a respontas : ne meus qet a zillad.

Gouzout a ran certen labourat an douar ;
Mes, allas ! eme'r paour, ne meus na pal na mar :
Pévar scoet a vancfe din evit en em eqipa,
Me a yêlo d'ho ty sur evit ho paea.

An nozac'h var ar guir a ro ar pêvar scoet,
O lavarat dezàn : Van mignon, ne vanq qet,
En e ur lavarat dezàn: Deus d'am zy da labourat
Pa po bet pal ha mar ha prenet da zillat.

Monet a ras d'e dy, ma voe ur pennad mat;
Plijout a rê deze certen da labourat;
Un deiz dreist ar re all e voent meurbet estonet
O sonjal er paour-qèz pelec'h e voa chommet.
Me ejont da velet ; ma voe cavet maro
Ebars en e gampric var un dornad colp.

Lienet voe gorf vit beza entêret,
Ar brud a zavas prest, ma teuas tud d'e velet;
An den-mâ deuas ive vel m'oa deus ar c'hanton,
A deuas d'e velet. O Doue, bebes eston !

Pa zorti eus an ty, d'an dud e lavare :
Orato birviqen e ene ne antre
En barados Doue, qen en devezo paet
Ar pez a rois dezan neus qet pell pêvar scoet.

Dre ar c'homzou terrupl pere a brononças.
D'oun penaus an douar d'e lonqa na zi goras,
Oc'h arréti en ene a voa vont d'ar joayou,
A vije recevet gant Jesus ênvou.

Ar Verc'hes glorius Vari, dre ma voa dei fidel,
A accordas ur mennat evit he servicher,
Ma teuje var an douar un instant da labourat,
Evit monet d'an ty da baea ar barbar.

Monet a ras d'e dy ha ma voe recevet ;
Goulen a ra labour, ma voe dezan roet ;
Labourat a ra er parq qement hac an triguella,
Ar pez so estonus, *hep eva na debri*.

Pa zeu couls ar repas, caer e vije'r pedi
Evit monet gante assambles da zèbri,
En em denne a goste ; hac eno var e c'hinou
En em strinq d'an douar evit souffr e boauiou.

Dont a ra'n usuiller, qemer a ra eston,
Hac en monet ractal da laret d'ar person
En devoa ul labourer hac a re qement ha tri,
Ar pez so estonus *hep eva na debri*.

Ma, eme ar Person, continuit brepret,
Bréma souden vatant me yelo d'e velet,
Pa éruas er parc, dre bermission Doue,
E hanavezas pront penaus voa un ene.

Me conjur, eme'r Person, lavar din, me a ped,
Ne qet hirio eiz de em boa da gorf entêret ?
Petra a zefot dide? petra a glasqes amà ?
Petra a a zefot didevid da zelivra?

Pêvar scoet am boa pet digant mestr an ty-ma,
On deut dre vouir voyen sur evit o faea:
Oh ! elec'h pêvar, eiz certen a vezo roet,
Ur veach, ene paour, qen a vi delivret.

Ne meus qet ar pouar da antren er Joayou,
Nemet gant va Æl-mat e cléfen ar c'hélou:
Pedit Doue evidon, me a zà prest d'an évou:
Varc'hoas d'ar memes heur me rento ar c'hélou.

Dont a ra ar Person da zigas an arc'hant,
Ma vije delivret a boan hac dourmant.
Me, eme an ene, am boa-int bet digantan :
Ploc'h eus ar vadelez, me o rento dezàn.

Pa asteunas e zorn da guemer an arc'hant,
E santas an ardeur, e boan hac e dourmant,
Evrec'h deo betec escoa en instant avoe déved
An arc'hant eus a zorn d'an douar zo quezet.
Adieu, Autrou Person, me ya brêmà d'ar joayou,
Me bedo evidoc'h Jésus-Christ our Autrou.

Pa dleo un den déc'h, pa yel eus ar bed mà,
Elec'h desirout droug, pedit Doue gantà:
Pedomp bepret ha meulomp ma zefont da repos.
Ha da veuli Doue en gloar ar Barados.

(16) *Er groac'h.* — La vieille, la sorcière.

(17)

  Me hou suppli', grechénion, de zonèt de gléuet
Histoër ur chapel dévot à escopti Guinet.

Me gons à santès Anna, trihart léaue doh Alré,
Santellan plass zou à braih, a tout en ur Hontré.

Cheleüet, poble dévot, histoër er miracleu
En des groeit santès Anna e peb sort rancontreu !

En andret hilleih a dud, lod marhue, lod affliget,
Lod en danger, lod aral e malhurieu coéhet!

(18)

Santès Anna beneguet,
Dré hou mérit ha puissance
Hui e hous hun dihuennet
Doh er marhüe ha pet offance.

Deit homb d'hou ti beneguet,
Aveit hou turgairicat,
Hou pout bet hur préservet
En danger hag er hombat.
Santès Anna beneguet,
Dré hou mérit ha puissance, etc.

Arhonis en ur vanden,
E zou bet oeit d'en armé;
Ardro en deuegent den,
Dré gommandement er roué.
Santès Anna beneguet, etc.

Ni zou bet pemb cant pe dost,
Hur fiance hag ur recour
El leh men, der Pantecost,
D'hou supplien d'hur secour.
Santès Anna beneguet, etc.

Ni e yas abarh ur Vanche,
Dré orde en nemb e gommande ;
Aveit combat a revanche
D'oh el lestri à Hollande.
Santès Anna beneguet, etc

Quen can a ouè en tenneu,
A bep costé d'ul lestri,
Ma tiscarrent ur goélieu,
Hur fardache hac ur guerni.
Santès Anna beneguet, etc.

Tenneu canon e zai demp.
Quer stang avel ur grésil :
Assuret biscoah ne vemp
En dangerussoh péril.
Santès Anna beneguet, etc.

Ur miracle e assuret
N'en dès bet den à Arhon
A guement zou offanset
Guet arquebut na canon.
Santès Anna beneguet, etc.

Tost dehè é hoé blesset
Ha lahet tud à peb tu,
Hemp ne oent ind offanset
Dré hou secour ha vertu.
Santès Anna beneguet, etc.

Enou e hoè er paür den
Dibennet d'un ten canon,
Quen ne saillas mel é ben
Doh face unan à Arhon.
Santès Anna beneguet, etc.

Ni hou ped à galon vat,
Santès Anna beneguet
D'ur honservein er stad vat
En amzer zou de zonet.

(19) *Dariorigum, Ocismor.* — Anciennes cités celtiques dont il est question dans César.

(20) *Me çad paron.* — Mon parrain; titre d'honneur en parlant à un plus âgé que soi.

(21) Consulter la vie de Kériolet, par le père Dominique de Sainte Catherine.

(22)

Sonen Plunérédis.

Santès Anna, mam er ueriès,
A ell en dout choéget liès
Placeu santel à peb sort bro,
Aveit bout cherviget ino.

Er hairran inour hi dès bet
E ma er vro er vertonet,

Er barézic a Plunéret,
E parc er Bocenno hanhuet.

En dud coh en douai inou,
Marcé mui eit hueh cant vlai çou,
Batisset dehi ur chappell,
Hac en hi sahue e m'a bet pell.

Mès halas! guet er goal amzer
E hoai couéhet en Oratoër,
Ne oai mui sebland a nétra
Meid ag en hanhue a guer Anna.

Nicolasic, hi mignon bras
En des hi guélet er mêm plas
E guis en intronès forh cair
Guet inour, majesté, ha gloair.

Er uirione zo arrihuet
El ma hoai dehon lavaret;
Rac en dud a za a peb bro
De glah soulagement ino.

Limache Anna pe oai cahuet
A ras coutantement d'er bet
Hi a ras liès er yehait
D'en dud clan a bep sort clinhuait.

Fians hun n'es en hun halon
E cavemb consolation,

Er plass santel é houés choéget
E Keranna e Pluneret.

A p'um bou en doar goal affer,
Ni hum bou chonche ag hou pouvoër;
Ni a oulennon hou sicour
Hum face distroeit d'oh hou tour.

Présantet de zoué, hun mam caër,
Dévotion tud er harter;
Pe bédant doué ar hou deulinn
Bérrit hou tour noz ha mitinn.

FIN.

www.ingramcontent.com/pod-product-compliance
Lightning Source LLC
Chambersburg PA
CBHW050419170426
43201CB00008B/467